HSK Level 3

VOCABULARY

Writing Practice Workbook
with Stroke Order and Pinyin

HSK 3 Vocabulary Writing Practice Workbook
with Stroke Order and Pinyin

© Editorial Comte Barcelona
OPOSBOX SL
C/Rodrigo Caro 73, 08914 Barcelona(España)
https://comtebarcelona.com
First Edition: December, 2023
ISBN: 978-84-127319-4-1 (Paperback)

Introduction

The HSK (Hanyu Shuiping Kaoshi) is an international standardized exam that focuses on assessing the ability of non-native Chinese speakers to use Chinese for communication in daily life, study, and work.

The exam has different levels: HSK (Level 1), HSK (Level 2), HSK (Level 3), HSK (Level 4), HSK (Level 5), and HSK (Level 6). The corresponding relationship between HSK levels and the "International Chinese Proficiency Standards" and the "Common European Framework of Reference for Languages (CEFR)" is as follows:

HSK Level	Vocabulary	International Chinese Proficiency Standards	CEFR
HSK (Level 6)	5000 and above	Level 5	C2
HSK (Level 5)	2500	Level 4	C1
HSK (Level 4)	1200	Level 4	B2
HSK (Level 3)	600	Level 3	B1
HSK (Level 2)	300	Level 2	A2
HSK (Level 1)	150	Level 1	A1

- HSK (Level 1) assesses candidates who can understand and use very simple Chinese words and sentences and have the ability to further study Chinese.
- HSK (Level 2) candidates can engage in simple and direct communication on common topics in daily life using Chinese.
- HSK (Level 3) candidates can complete basic communication tasks in life, study, work, etc., using Chinese.

- HSK (Level 4) candidates can communicate on relatively complex topics in a more standardized and appropriate manner using Chinese.
- HSK (Level 5) candidates can discuss, evaluate, and express opinions on more abstract or professional topics in Chinese and can handle various communication tasks relatively easily.
- HSK (Level 6) candidates can adeptly engage in various social communication activities in Chinese, with a proficiency level approaching that of a native Chinese speaker.

HSK Level 3 evaluates candidates' proficiency in using the Chinese language. It corresponds to Level 3 of the "International Chinese Proficiency Standards" and CEFR B1. Candidates who pass HSK Level 3 can accomplish basic communication tasks in life, study, work, and handle most communication tasks encountered while traveling in China.

This book is suitable for HSK Level 3 students to practice Chinese characters. It includes all the vocabulary required for the HSK Level 3 exam. The book provides vocabulary lists with English explanations and presents the pronunciation and stroke order for each Chinese character, making it ideal for beginners.

序号	词语	拼音	翻译
1	阿姨	ā yí	auntie [mother's younger sister]
2	啊	a	ah
3	矮	ǎi	short [height]
4	爱好	ài hào	interests; hobbies
5	安静	ān jìng	to be quiet
6	把	bǎ	grasp; [measure word for knives]
7	搬	bān	to move
8	班	bān	class
9	半	bàn	half
10	办法	bàn fǎ	way; method; solution
11	办公室	bàn gōng shì	office
12	帮忙	bāng máng	lend a hand
13	包	bāo	a packet of; package
14	饱	bǎo	full up; eaten to one's satisfaction
15	北方	běi fāng	the north
16	背	bèi	back
17	鼻子	bí zi	nose
18	比较	bǐ jiào	compare
19	比赛	bǐ sài	competition; match
20	必须	bì xū	must
21	变化	biàn huà	change
22	表示	biǎo shì	express; indicate
23	表演	biǎo yǎn	performance
24	宾馆	bīn guǎn	guesthouse
25	冰箱	bīng xiāng	fridge
26	才	cái	talent; only if
27	菜单	cài dān	menu
28	参加	cān jiā	to take part
29	草	cǎo	grass
30	层	céng	storey
31	差	chà	lack; lacking
32	超市	chāo shì	supermarket
33	衬衫	chèn shān	shirt
34	成绩	chéng jì	results; marks; achievement
35	城市	chéng shì	city
36	迟到	chí dào	arrive late
37	出现	chū xiàn	emerge
38	厨房	chú fáng	kitchen

序号	词语	拼音	翻译
39	除了	chú le	apart from ("chule...yiwai" construction)
40	春	chūn	spring
41	词语	cí yǔ	words and expressions
42	聪明	cōng ming	clever; intelligent
43	打扫	dǎ sǎo	to clean
44	打算	dǎ suàn	plan; intention
45	带	dài	carry
46	担心	dān xīn	worry
47	蛋糕	dàn gāo	cake
48	当然	dāng rán	of course
49	灯	dēng	lamp
50	低	dī	low
51	地	dì	ground
52	地方	dì fang	place
53	地铁	dì tiě	underground train; tube; metro
54	地图	dì tú	map
55	电梯	diàn tī	lift; elevator
56	电子邮件	diàn zǐ yóu jiàn	email
57	东	dōng	east
58	冬	dōng	winter
59	动物	dòng wù	animals
60	短	duǎn	short
61	段	duàn	section; paragraph; [measure word for stories, pieces of music, recordings etc.]
62	锻炼	duàn liàn	to engage in physical exercise
63	多么	duō me	how ...
64	饿	è	hungry
65	而且	ér qiě	moreover; furthermore
66	耳朵	ěr duo	ears
67	发烧	fā shāo	fever; have a fever
68	发现	fā xiàn	discover
69	方便	fāng biàn	convenient
70	放	fàng	to put; set free
71	放心	fàng xīn	relax; feel relieved
72	分	fēn	minute
73	附近	fù jìn	nearby
74	复习	fù xí	revise

序号	词语	拼音	翻译
75	干净	gān jìng	clean
76	敢	gǎn	dare to
77	感冒	gǎn mào	to catch a cold
78	刚才	gāng cái	just now
79	跟	gēn	with
80	根据	gēn jù	according to
81	公园	gōng yuán	park
82	刮风	guā fēng	windy
83	关	guān	to close
84	关系	guān xì	relationship
85	关心	guān xīn	care about
86	关于	guān yú	about
87	国家	guó jiā	country
88	果汁	guǒ zhī	fruit juice
89	过去	guò qu	(in the) past
90	还是	hái shì	...or...? [in a question]
91	害怕	hài pà	afraid
92	河	hé	river
93	黑板	hēi bǎn	blackboard
94	护照	hù zhào	passport
95	花	huā	to spend (time, money); flower
96	花园	huā yuán	garden
97	画	huà	to draw; paint (pictures)
98	坏	huài	bad
99	环境	huán jìng	environment
100	换	huàn	to change (to another one)
101	黄	huáng	yellow
102	会议	huì yì	meeting
103	或者	huò zhě	perhaps
104	几乎	jī hū	almost
105	机会	jī huì	opportunity
106	极	jí	extreme
107	几	jǐ	how much/many? [expecting a small number]
108	记得	jì de	to remember
109	季节	jì jié	season
110	检查	jiǎn chá	inspect
111	简单	jiǎn dān	simple

序号	词语	拼音	翻译
112	健康	jiàn kāng	healthy; health
113	见面	jiàn miàn	to meet
114	讲	jiǎng	speak
115	教	jiāo	to teach
116	脚	jiǎo	foot
117	角	jiǎo	horn; corner; jiao (written) [unit of currency = 0.1 yuan]
118	接	jiē	connect
119	街道	jiē dào	road
120	结婚	jié hūn	marry
121	节目	jié mù	programme
122	节日	jié rì	festival
123	结束	jié shù	finish
124	解决	jiě jué	to resolve; solve
125	借	jiè	to lend
126	近	jìn	near; close by
127	经常	jīng cháng	often; regularly
128	经过	jīng guò	pass through
129	经理	jīng lǐ	manager
130	久	jiǔ	long time
131	旧	jiù	old; former
132	举行	jǔ xíng	hold (an event)
133	句子	jù zi	sentence
134	决定	jué dìng	decide
135	看	kàn	to see; to read; to watch; to look at
136	渴	kě	thirsty
137	可爱	kě ài	lovely; loveable
138	刻	kè	quarter (of an hour); to carve
139	客人	kè rén	guest
140	空调	kōng tiáo	air-conditioning
141	口	kǒu	mouth; [measure word for family members]
142	哭	kū	cry
143	裤子	kù zi	trousers
144	筷子	kuài zi	chopsticks
145	蓝	lán	blue
146	老	lǎo	old; aged
147	离开	lí kāi	leave

序号	词语	拼音	翻译
148	礼物	lǐ wù	gift; present
149	历史	lì shǐ	history
150	脸	liǎn	face
151	练习	liàn xí	to practise
152	辆	liàng	[measure word for vehicles]
153	了解	liǎo jiě	understand
154	邻居	lín jū	neighbour
155	楼	lóu	multi-storied building
156	绿	lǜ	green
157	马	mǎ	horse
158	满意	mǎn yì	pleased; satisfied
159	帽子	mào zi	hat
160	米	mǐ	rice; metre
161	面包	miàn bāo	bread
162	面条	miàn tiáo	noodles
163	明白	míng bai	to understand
164	拿	ná	to take
165	奶奶	nǎi nai	grandmother [father's mother]
166	难	nán	hard; difficult
167	南	nán	south
168	难过	nán guò	have a hard time
169	年级	nián jí	(school) year/grade
170	年轻	nián qīng	young
171	鸟	niǎo	bird
172	努力	nǔ lì	hardworking
173	爬山	pá shān	to climb hills/mountains
174	盘子	pán zi	tray
175	胖	pàng	fat
176	啤酒	pí jiǔ	beer
177	葡萄	pú tao	grapes
178	普通话	pǔ tōng huà	Standard Chinese [language]
179	骑	qí	to ride (a bicycle, horse)
180	奇怪	qí guài	strange
181	其实	qí shí	in fact
182	其他	qí tā	other
183	铅笔	qiān bǐ	pencil
184	清楚	qīng chu	clear
185	秋	qiū	autumn

序号	词语	拼音	翻译
186	裙子	qún zi	skirt
187	然后	rán hòu	and then; after that
188	热情	rè qíng	enthusiastic
189	认为	rèn wéi	to think that; consider
190	认真	rèn zhēn	earnest
191	容易	róng yì	easy
192	如果	rú guǒ	if
193	伞	sǎn	umbrella
194	上网	shàng wǎng	get on the internet
195	生气	shēng qì	to get angry
196	声音	shēng yīn	sound
197	使	shǐ	to send (someone); cause
198	世界	shì jiè	world
199	瘦	shòu	thin
200	舒服	shū fu	comfortable
201	叔叔	shū shu	uncle [father's younger brother]
202	树	shù	tree
203	数学	shù xué	maths
204	刷牙	shuā yá	brush teeth
205	双	shuāng	a pair of
206	水平	shuǐ píng	level
207	司机	sī jī	driver
208	虽然	suī rán	although
209	太阳	tài yáng	sun
210	糖	táng	sugar
211	特别	tè bié	special; especially
212	疼	téng	pain
213	提高	tí gāo	raise
214	体育	tǐ yù	physical education
215	甜	tián	sweet
216	条	tiáo	[measure word for long pieces (hair, branch, trousers etc.)]
217	同事	tóng shì	colleague
218	同意	tóng yì	to agree
219	头发	tóu fa	hair
220	突然	tū rán	suddenly
221	图书馆	tú shū guǎn	library
222	腿	tuǐ	leg

序号	词语	拼音	翻译
223	完成	wán chéng	complete
224	碗	wǎn	a bowl of
225	万	wàn	ten thousand
226	忘记	wàng jì	forget
227	位	wèi	position
228	为	wèi	for (someone; something); to do; to be
229	为了	wèi le	in order to
230	文化	wén huà	culture
231	西	xī	west
232	习惯	xí guàn	be used to
233	洗手间	xǐ shǒu jiān	toilets; washroom
234	洗澡	xǐ zǎo	have a shower; bath
235	夏	xià	summer
236	先	xiān	first
237	香蕉	xiāng jiāo	banana
238	相同	xiāng tóng	same
239	相信	xiāng xìn	to believe
240	向	xiàng	towards
241	小心	xiǎo xīn	take care
242	校长	xiào zhǎng	head teacher; principal
243	鞋	xié	shoe
244	新闻	xīn wén	news
245	新鲜	xīn xiān	fresh
246	信	xìn	letter; message
247	行李箱	xíng li xiāng	trunk [luggage]
248	兴趣	xìng qu	interests; hobbies
249	熊猫	xióng māo	panda
250	需要	xū yào	need
251	选择	xuǎn zé	choice
252	眼镜	yǎn jìng	(eye) glasses
253	要求	yāo qiú	requirement
254	爷爷	yé ye	grandfather [father's father]
255	一般	yī bān	ordinary
256	一边	yī biān	on the one hand ···
257	一定	yī dìng	definitely
258	一共	yī gòng	altogether
259	一会儿	yī huì er	a short while
260	一样	yī yàng	same; identical

序号	词语	拼音	翻译
261	一直	yī zhí	straight on; always
262	以后	yǐ hòu	after
263	以前	yǐ qián	before
264	以为	yǐ wéi	think; feel; reckon
265	音乐	yīn yuè	music
266	银行	yín háng	bank
267	应该	yīng gāi	should
268	影响	yǐng xiǎng	influence; to affect
269	用	yòng	to use
270	游戏	yóu xì	game
271	有名	yǒu míng	famous
272	又	yòu	again
273	遇到	yù dào	to meet
274	愿意	yuàn yì	willing
275	越 … 越 …	yuè … yuè …	the more... the more ...
276	月亮	yuè liang	moon
277	云	yún	cloud
278	站	zhàn	stand
279	长	zhǎng	to grow up; chief
280	着急	zháo jí	anxious
281	照顾	zhào gu	to look after
282	照片	zhào piàn	photograph
283	照相机	zhào xiàng jī	camera
284	只	zhǐ	only
285	中间	zhōng jiān	middle
286	终于	zhōng yú	at last
287	种	zhǒng	kind; type
288	重要	zhòng yào	important
289	周末	zhōu mò	weekend
290	主要	zhǔ yào	mainly
291	祝	zhù	to wish
292	注意	zhù yì	take note of
293	字典	zì diǎn	dictionary
294	自己	zì jǐ	self; oneself
295	总是	zǒng shì	always
296	最近	zuì jìn	recently
297	作业	zuò yè	homework
298	作用	zuò yòng	effect

| 阿 | ā | 阝 阝 阿 阿 阿 阿 阿 |

阿　阿　阿　阿

| 姨 | yí | 乛 夊 女 女 女 女 娸 姨 姨 |

姨　姨　姨　姨

| 啊 | a | 丶 丷 口 叮 呵 呵 呵 啊 啊 |

啊　啊　啊　啊

| 矮 | ǎi | 丿 丿 二 禾 矢 矢 矢 矫 矮 矮 矮 矮 |

矮　矮　矮　矮

| 爱 | ài | 一 丷 丷 爫 爫 爫 爫 爱 爱 爱 |

爱　爱　爱　爱

| 好 | hào | 乛 夊 女 如 好 好 |

好　好　好　好

| 安 | ān | 丶 丷 宀 灾 安 安 |

安　安　安　安

| 静 | jìng | 一 二 キ 寺 丰 青 青 青 青 青 静 静 静 静 |

静　静　静　静

| 把 | bǎ | 一 十 扌 扫 扣 扣 把 |

把　把　把　把

搬 bān 一 扌 扌 扩 扩 扨 挩 搄 捝 挩 搬 搬

搬 搬 搬 搬

班 bān 一 二 三 王 王 玎 玎 玎 班 班

班 班 班 班

半 bàn 丶 丷 三 半 半

半 半 半 半

办 bàn 乛 力 办 办

办 办 办 办

法 fǎ 丶 丷 氵 汇 汁 汢 法 法

法 法 法 法

办 bàn 乛 力 办 办

办 办 办 办

公 gōng 丿 八 公 公

公 公 公 公

室 shì 丶 丷 宀 宀 宀 宝 宝 室 室

室 室 室 室

帮 bāng 一 二 三 丰 邦 邦 邦 帮 帮

帮 帮 帮 帮

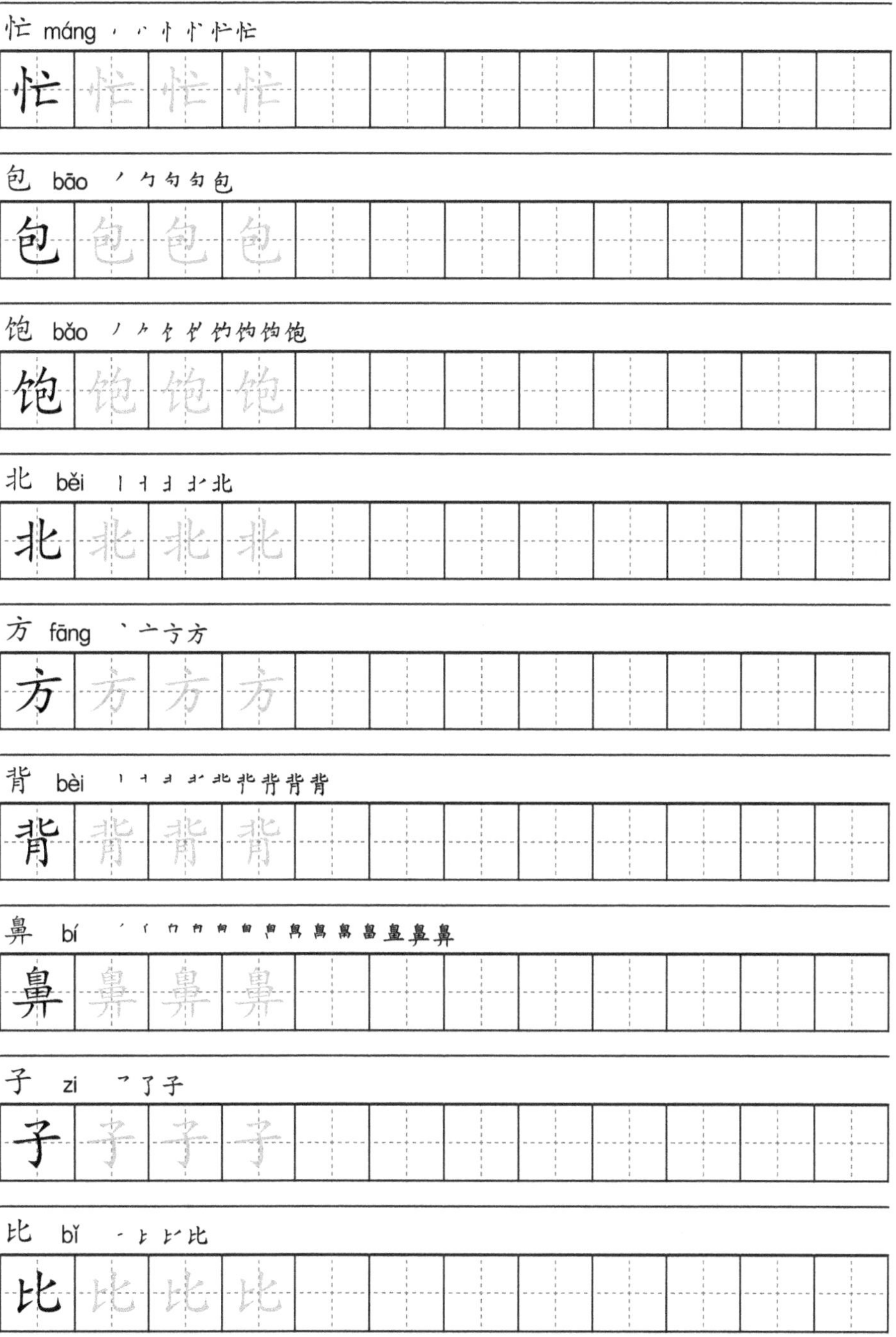

忙 máng 、丶忄忙忙忙

包 bāo ノ勹勹匀包

饱 bǎo ノ饣饣饣饣饣饱饱

北 běi 丨丬圹北北

方 fāng 、一宁方

背 bèi 丨丬圹北北背背背

鼻 bí 丿白白白白白臬臬臬畠畠鼻鼻

子 zǐ 乛了子

比 bǐ 一匕比比

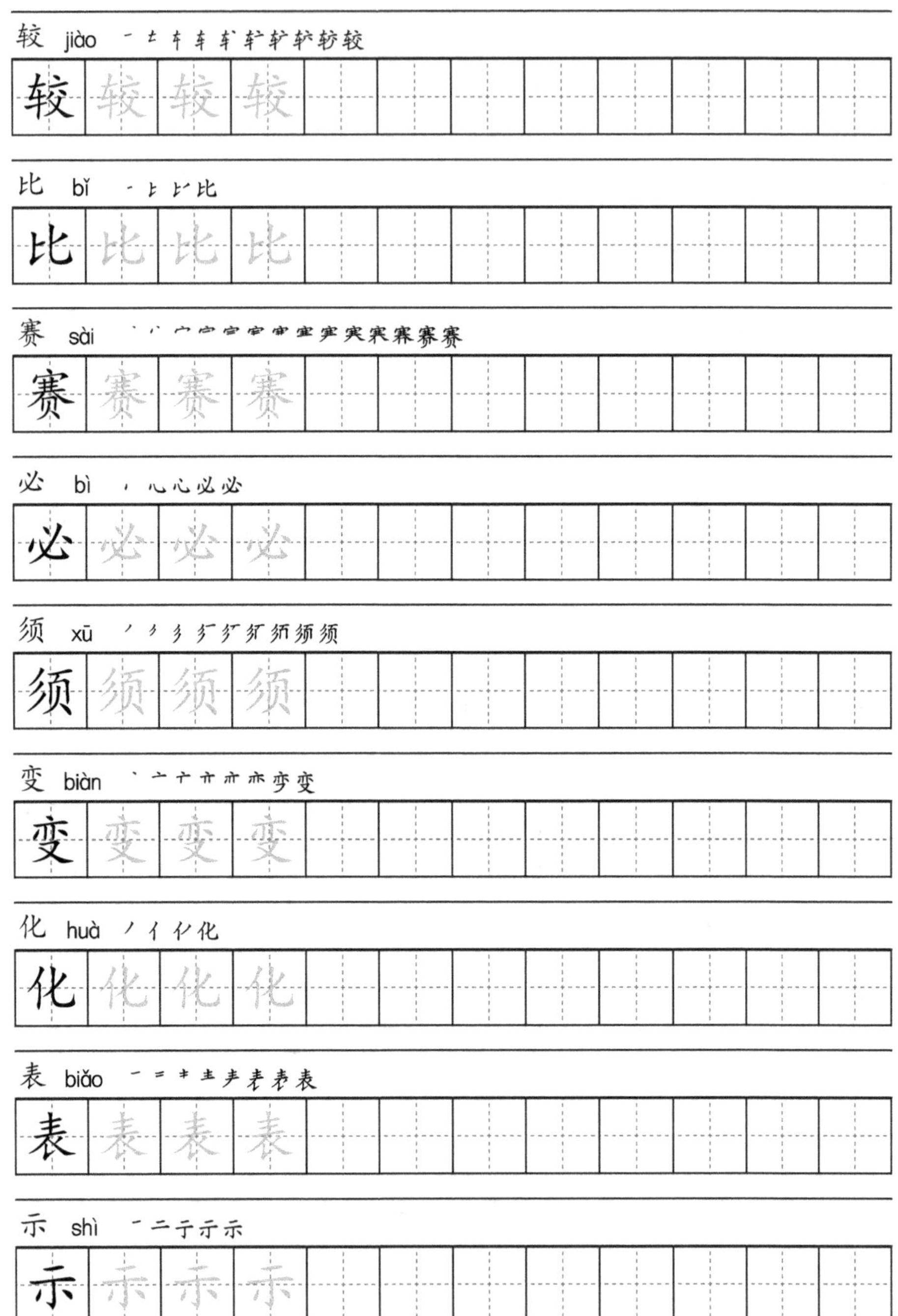

较 jiào 一 十 车 车 车 轩 轩 轩 较 较
较 较 较 较

比 bǐ 一 上 比 比
比 比 比 比

赛 sài 丶 丷 宀 宁 宁 宇 审 宝 宝 寒 寒 赛 赛
赛 赛 赛 赛

必 bì 丶 心 心 必 必
必 必 必 必

须 xū 丿 彡 多 须 须 须 须
须 须 须 须

变 biàn 丶 亠 六 亦 亦 变 变
变 变 变 变

化 huà 丿 亻 化 化
化 化 化 化

表 biǎo 一 二 キ 主 声 麦 麦 表
表 表 表 表

示 shì 一 二 于 示 示
示 示 示 示

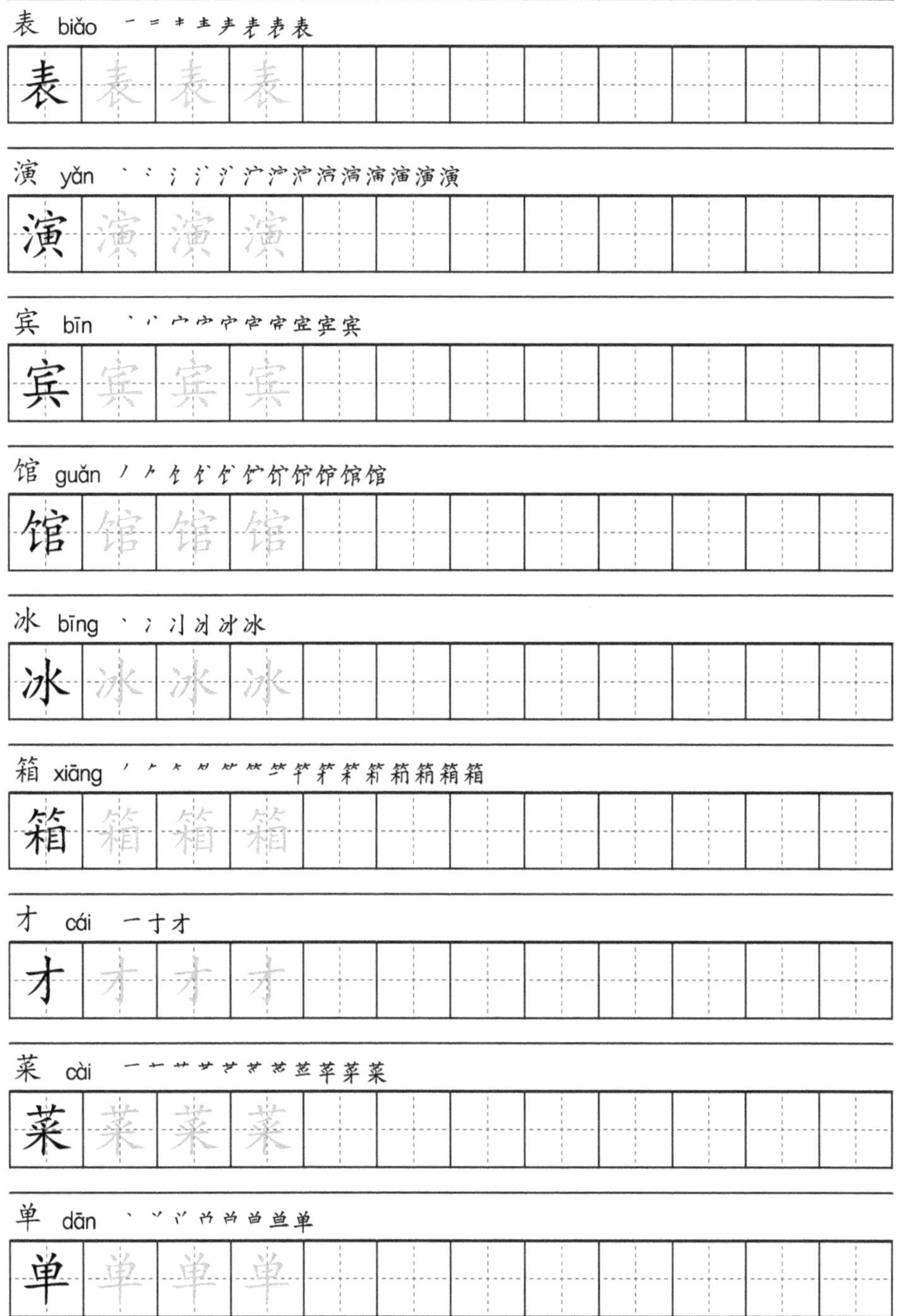

表 biǎo 一 二 ＝ 主 丰 寺 表 表

演 yǎn 丶 丶 氵 氵 氵 沪 沪 沪 滨 滨 滀 演 演

宾 bīn 丶 丷 宀 宀 宀 宀 宫 宫 宾 宾

馆 guǎn ノ ク 々 々 々 饣 饣 馆 馆 馆 馆

冰 bīng 丶 冫 冫 冫 冰 冰

箱 xiāng ノ ㇒ ㇏ 竹 竹 竹 竹 竿 竿 笋 箱 箱 箱 箱

才 cái 一 丁 才

菜 cài 一 艹 艹 艹 艹 艹 节 苹 莩 菜 菜

单 dān 丶 丷 丷 丷 屵 畄 畄 单 单

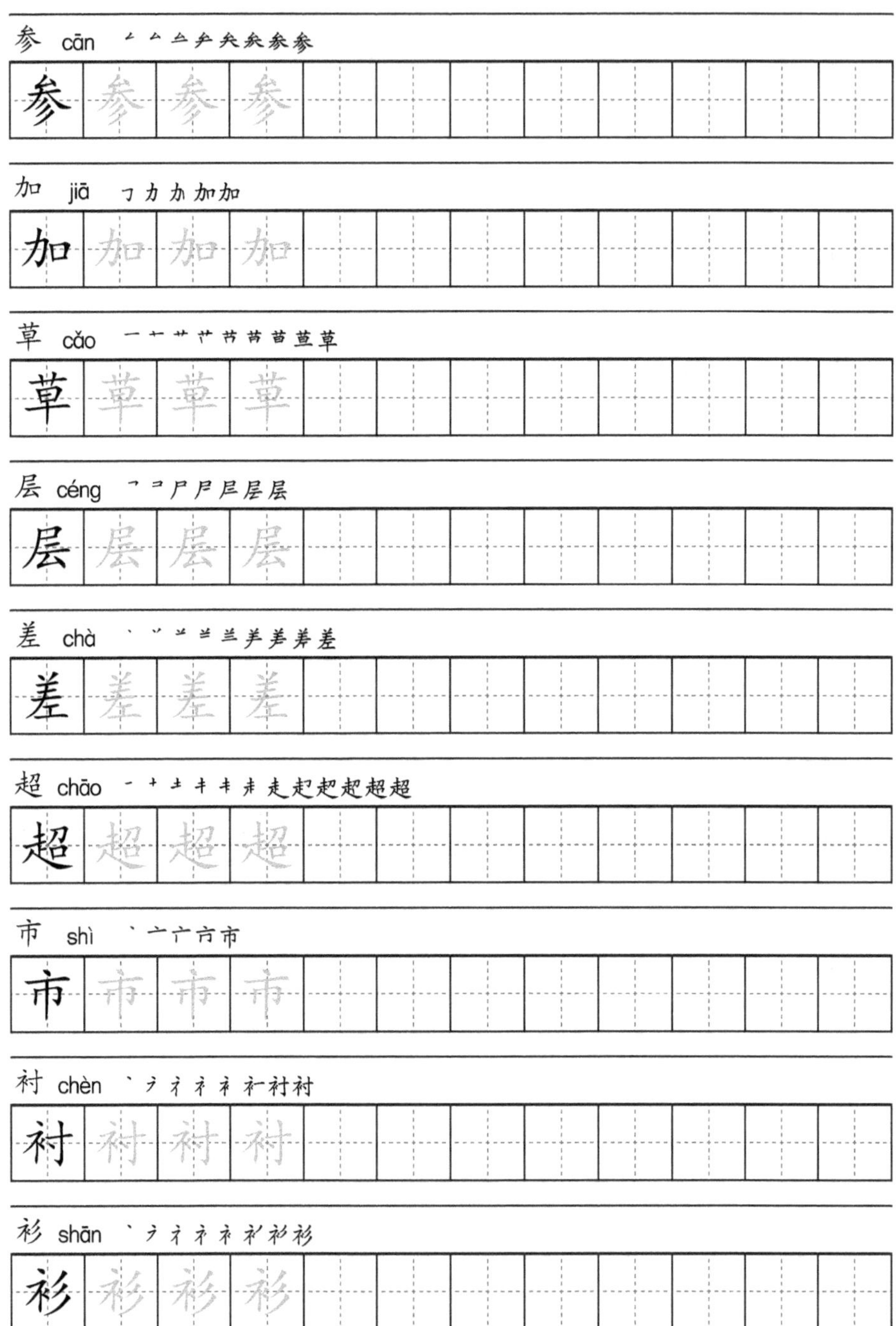

参 cān ⺀ ⼛ 二 乒 矢 絭 参 参
加 jiā ㇆ 力 加 加 加
草 cǎo 一 十 艹 艹 节 苩 苩 草 草
层 céng ㇕ ㇕ 尸 尸 层 层 层
差 chà 丶 丷 ⺷ 兰 兰 羊 羊 差 差
超 chāo 一 十 土 キ キ 走 走 起 起 起 超 超
市 shì 丶 亠 宀 市 市
衬 chèn 丶 ㇇ 衤 衤 衤 衤 衬 衬
衫 shān 丶 ㇇ 衤 衤 衤 衤 衫 衫

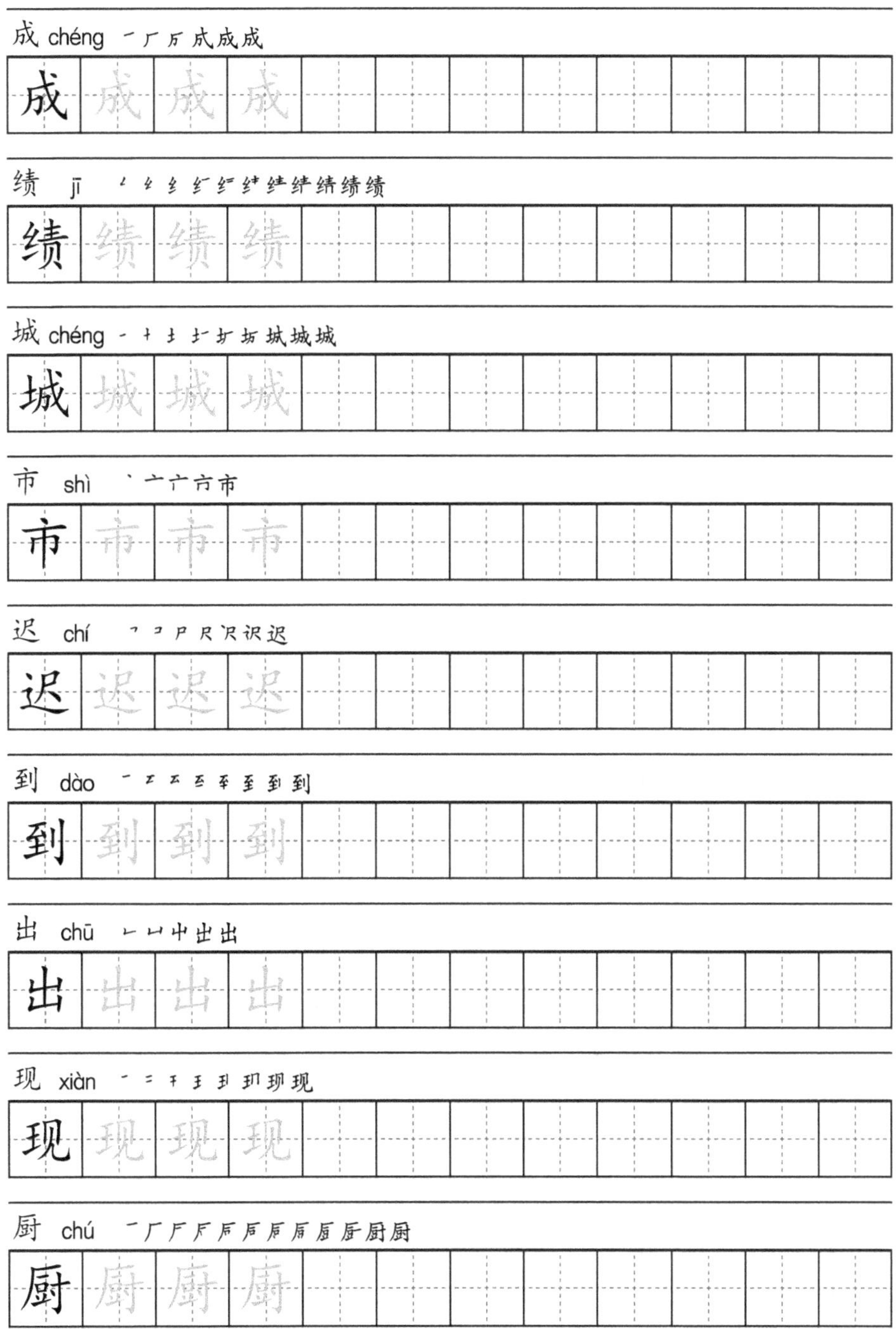

成 chéng 一 厂 厅 成 成 成

绩 jī 乙 幺 纟 纟 纩 纬 纬 纬 绩 绩

城 chéng 一 十 土 圹 圹 城 城 城

市 shì 丶 亠 广 帀 市

迟 chí 乙 コ 尸 尺 识 识 迟

到 dào 一 工 五 卫 至 至 到 到

出 chū 乚 屮 屮 出 出

现 xiàn 一 二 干 王 玑 现 现 现

厨 chú 一 厂 厂 厅 厉 厨 厨 厨 厨 厨 厨

房 fáng	、ゝヲ户户户房房
房	房　房　房

除 chú	３阝阝阶阶除除除
除	除　除　除

了 le	了
了	了　了　了

春 chūn	一二三声夫表春春春
春	春　春　春

词 cí	、讠订词词词词
词	词　词　词

语 yǔ	、讠讠订讶诺语语语
语	语　语　语

聪 cōng	一丆丌刂刂耳耳耳聀耶聪聪聪聪
聪	聪　聪　聪

明 míng	｜冂日日即明明明
明	明　明　明

打 dǎ	一十扌打打
打	打　打　打

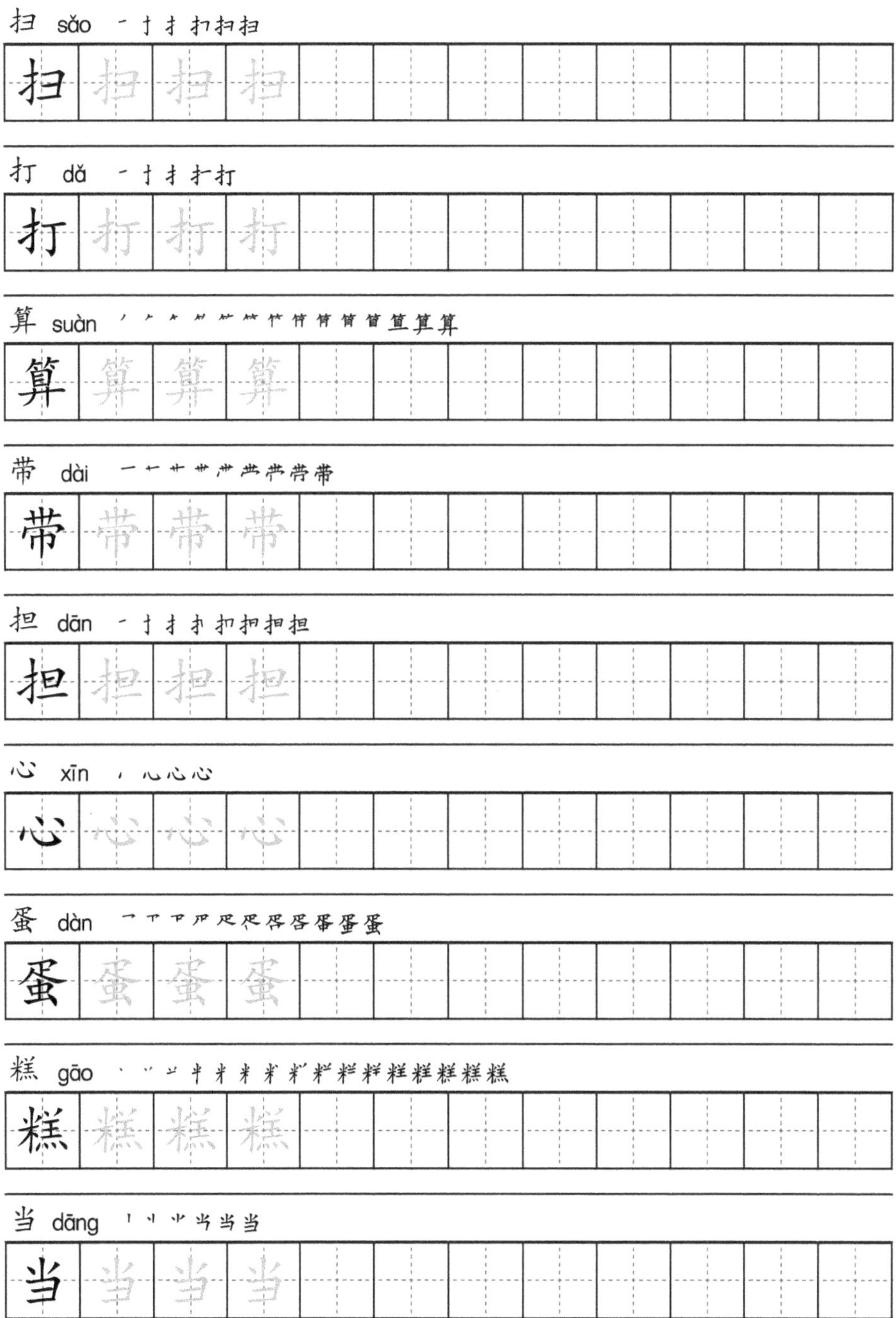

扫 sǎo ー丁扌扫扫扫

打 dǎ 一丁扌打

算 suàn ノ一一个个个竹竹竹筲筲筧算算

带 dài 一十卄卄卅卅带带带

担 dān 一丁扌扫扫扫担担

心 xīn ノ心心心

蛋 dàn 一丆乛乛疋疋乭乭蛋蛋蛋

糕 gāo 丶丷丷半米米米米粁粁糕糕糕糕糕

当 dāng 丨丨丷半当当

然　rán　ノ　ク　ク　夕　夕　妙　妖　妖　然　然　然　然

| 然 | 然 | 然 | 然 | | | | | | | | |

灯　dēng　、　、　丷　火　灯　灯

| 灯 | 灯 | 灯 | 灯 | | | | | | | | |

低　dī　ノ　亻　亻　亻　低　低　低

| 低 | 低 | 低 | 低 | | | | | | | | |

地　dì　一　十　土　地　地　地

| 地 | 地 | 地 | 地 | | | | | | | | |

地　dì　一　十　土　地　地　地

| 地 | 地 | 地 | 地 | | | | | | | | |

方　fāng　、　一　宁　方

| 方 | 方 | 方 | 方 | | | | | | | | |

地　dì　一　十　土　地　地　地

| 地 | 地 | 地 | 地 | | | | | | | | |

铁　tiě　ノ　ト　ヒ　生　车　钅　钅　铁　铁

| 铁 | 铁 | 铁 | 铁 | | | | | | | | |

地　dì　一　十　土　地　地　地

| 地 | 地 | 地 | 地 | | | | | | | | |

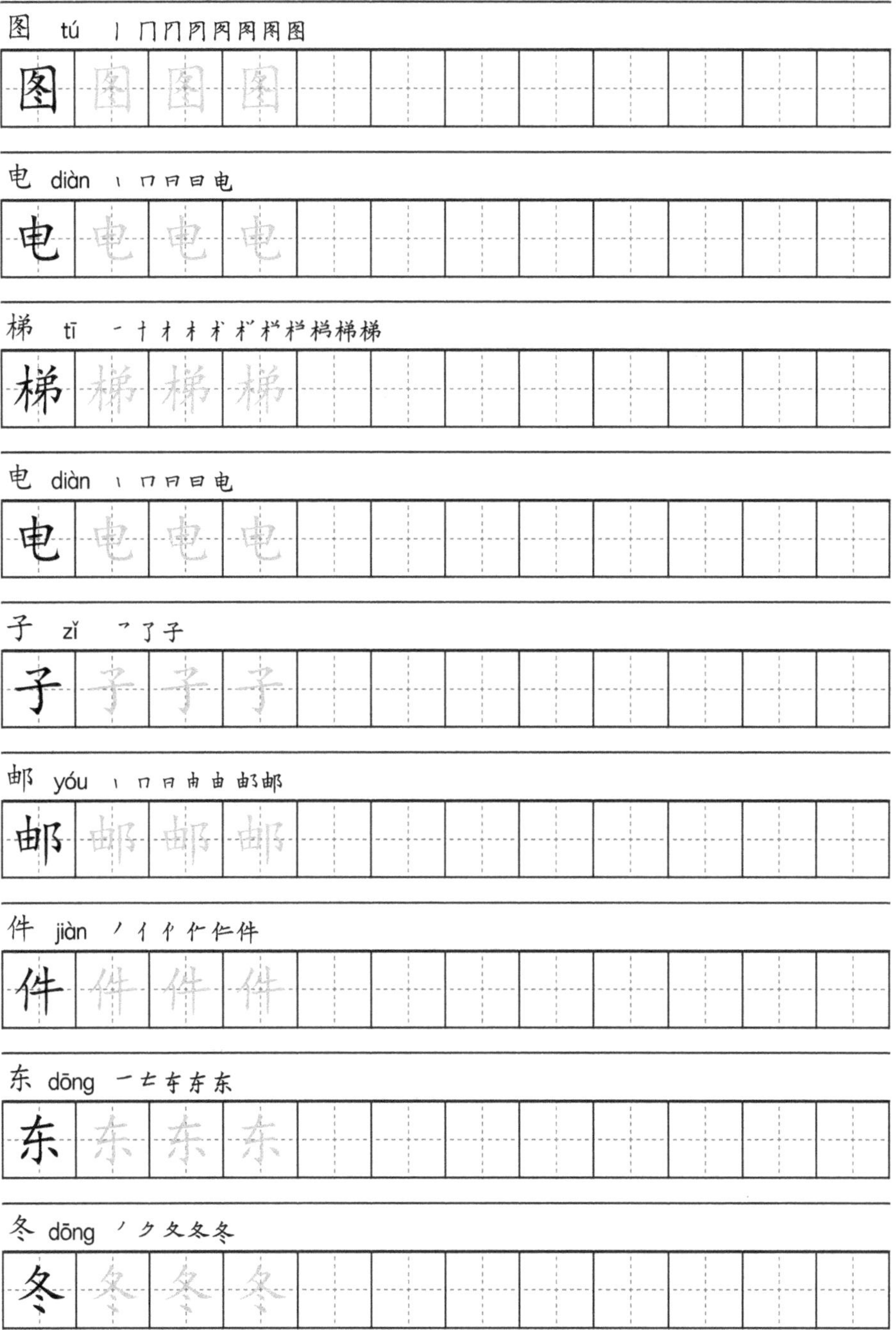

图 tú ｜ 门 门 図 図 図 図 图

电 diàn 丶 口 日 日 电

梯 tī 一 十 才 木 术 术 朴 杵 梼 梯 梯

电 diàn 丶 口 日 日 电

子 zǐ 乛 了 子

邮 yóu 丶 口 日 由 由 邮 邮

件 jiàn 丿 亻 仁 仁 仁 件

东 dōng 一 七 车 车 东

冬 dōng 丿 夂 夂 冬 冬

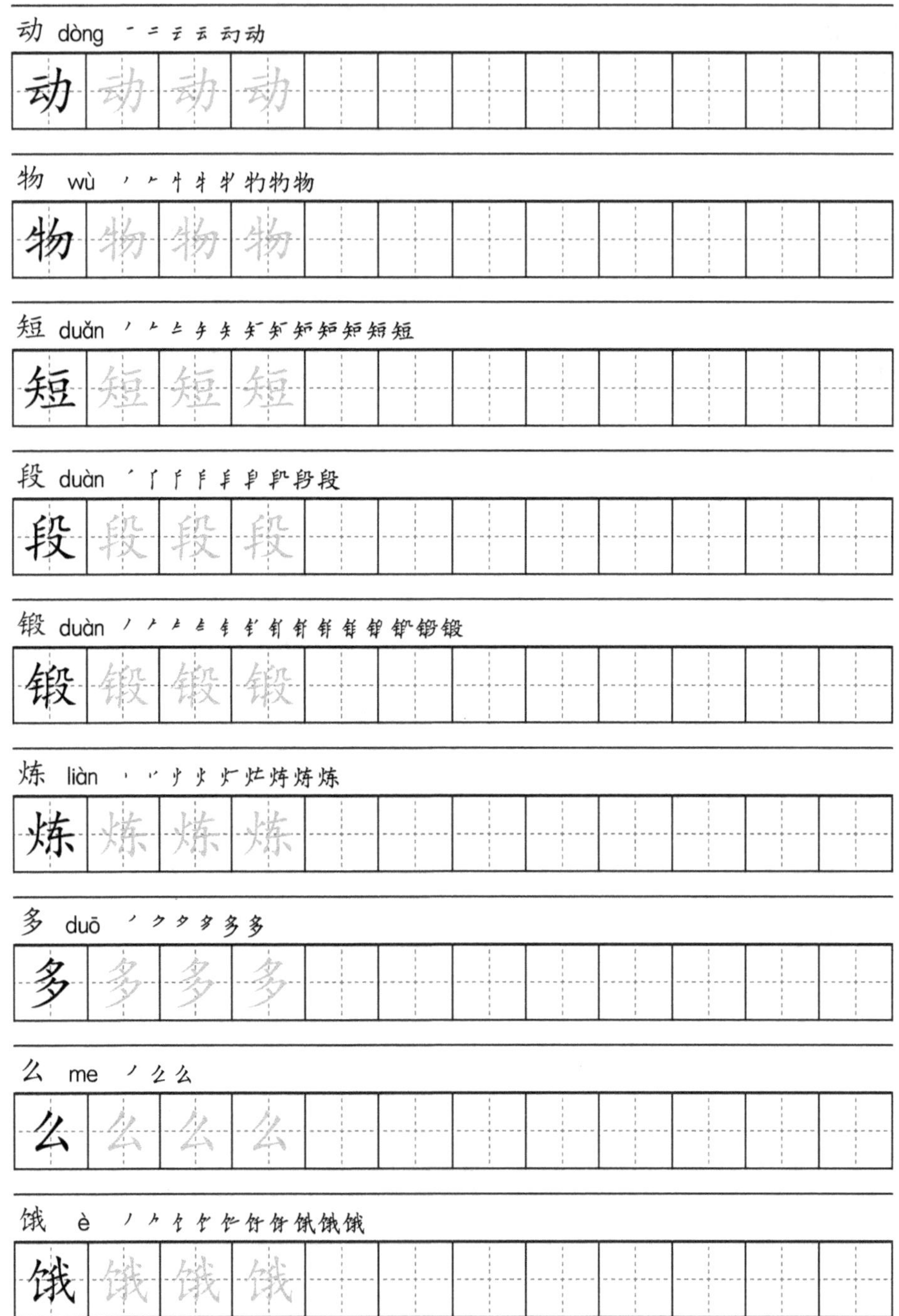

动 dòng 一 二 云 云 动 动

物 wù 丿 ㇒ 牛 牛 物 物 物

短 duǎn 丿 ㇏ 二 二 矢 矢 矢 知 知 短 短 短

段 duàn 丿 ㇒ 丆 丆 乍 乍 段 段 段

锻 duàn 丿 ㇒ 丆 乍 钅 钅 钉 钉 铲 铲 锻 锻 锻 锻

炼 liàn 丶 ㇒ 丷 火 火 灶 炼 炼 炼

多 duō 丿 ㇇ 夕 夕 多 多

么 me 丿 么 么

饿 è 丿 ㇒ 饣 饣 饣 饣 饿 饿 饿 饿

而 ér	一 ｿ 厂 丙 而 而
且 qiě	丨 冂 月 月 且
耳 ěr	一 丁 厅 FF 耳 耳
朵 duǒ	ノ 几 乃 朵 朵 朵
发 fā	一 少 发 发 发
烧 shāo	丶 ﾁ 火 火 烂 烂 烂 烧 烧
发 fā	一 少 发 发 发
现 xiàn	一 二 于 王 玑 玑 现 现
方 fāng	丶 一 方 方

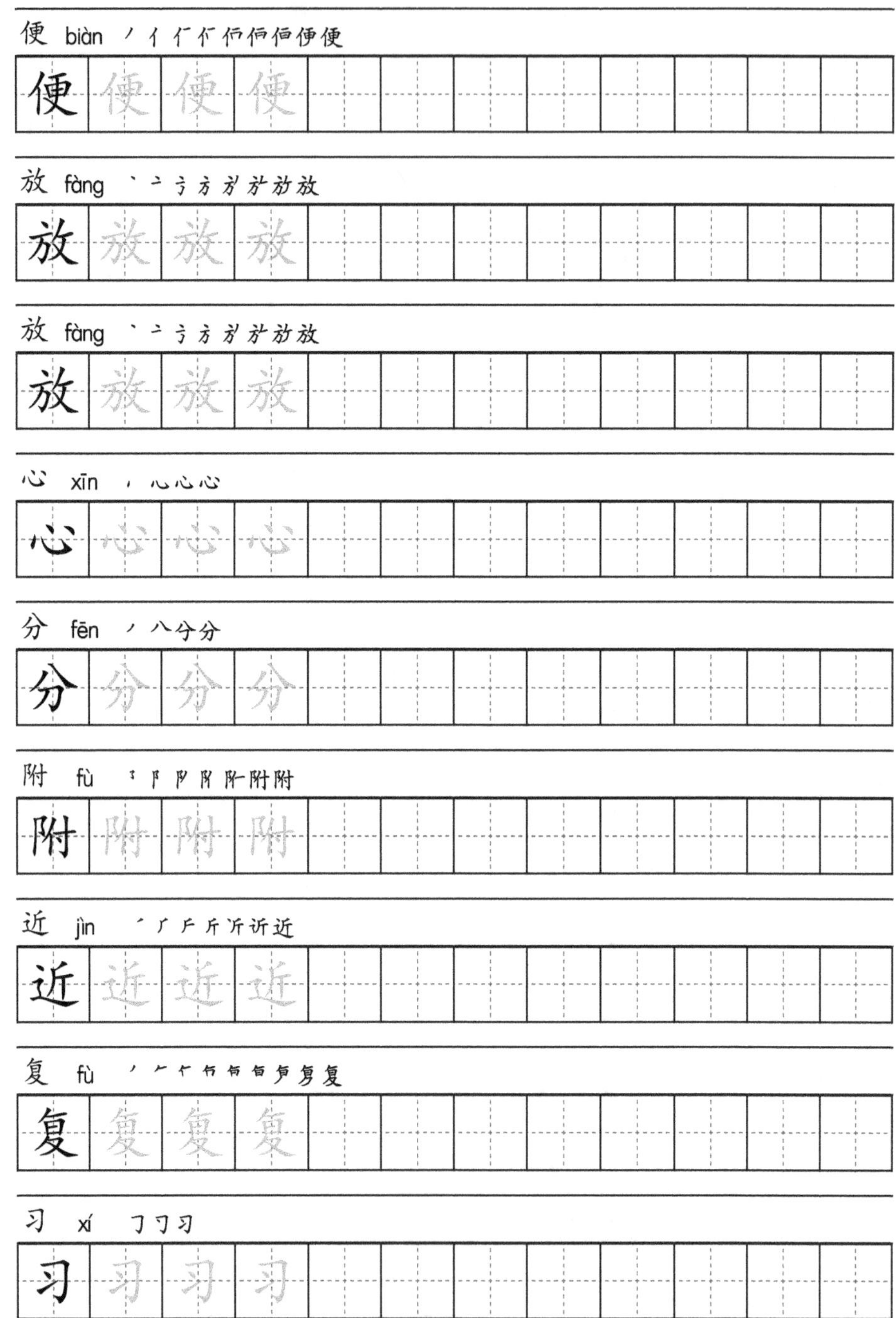

便 biàn ノイ亻仁仁何便便

放 fàng 丶亠方方か放放

放 fàng 丶亠方方か放放

心 xīn 丶心心心

分 fēn 丿八分分

附 fù 阝阝阝阶附附

近 jìn 丆斤斤斤近近

复 fù 丿𠂉仁仁伯自复复

习 xí 刁习习

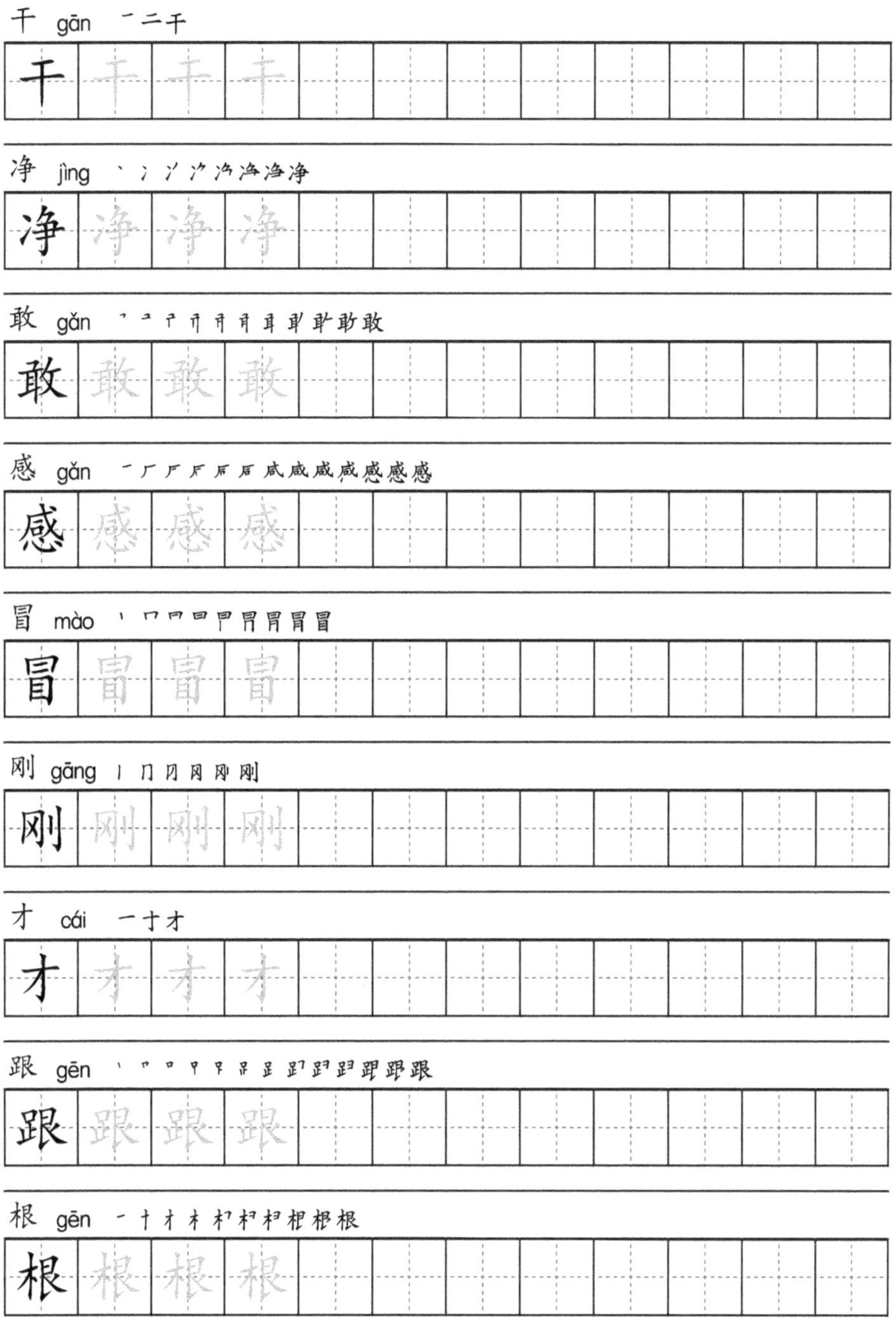

干 gān 一二干

净 jìng 、丶冫汋浄浄净

敢 gǎn 丁了了干干干月耳耶敢敢

感 gǎn 一厂厂厂厄后咸咸咸感感感

冒 mào 丶口曰曰冃冒冒冒

刚 gāng 丨冂刀冈刚刚

才 cái 一十才

跟 gēn 丶口口口足足趴趴趴跟跟

根 gēn 一十才木杧杧柅根根

据 jù 一 十 扌 扩 护 护 护 捉 据 据 据

公 gōng ノ 八 公 公

园 yuán 丨 冂 冂 冃 冃 园 园

刮 guā 一 二 千 手 舌 舌 刮 刮

风 fēng ノ 几 凡 风

关 guān 丶 丷 丷 兰 关 关

关 guān 丶 丷 丷 兰 关 关

系 xì 一 丆 平 玉 系 系 系

关 guān 丶 丷 丷 兰 关 关

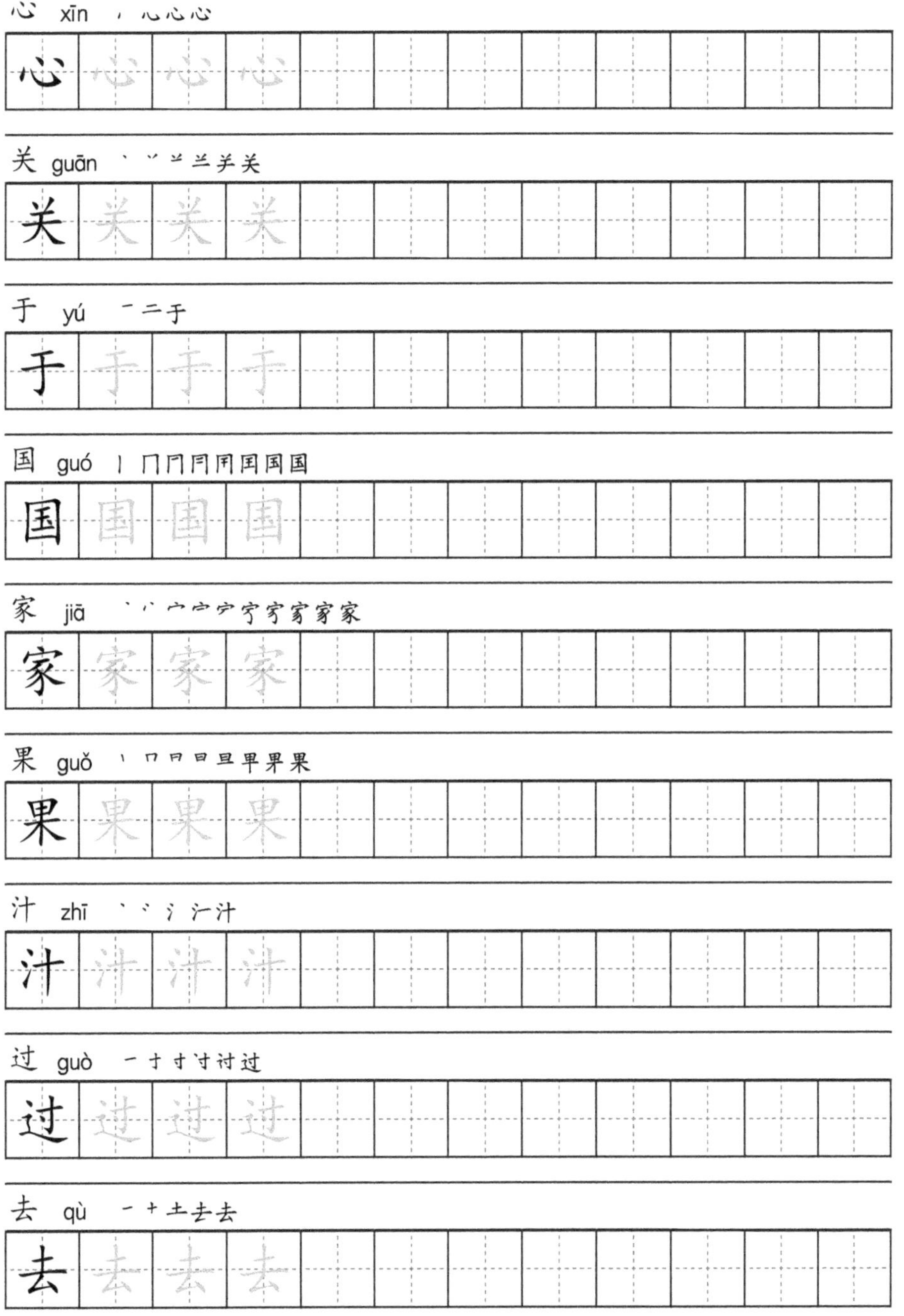

心 xīn 丶心心心
心

关 guān 丶丷丷兰羊关
关

于 yú 一二于
于

国 guó 丨冂冂冃囯国国国
国

家 jiā 丶丷宀宀宁宁宇宇家家
家

果 guǒ 丨冂日日旦早果果
果

汁 zhī 丶丶氵汁汁
汁

过 guò 一寸寸寸过过
过

去 qù 一十土去去
去

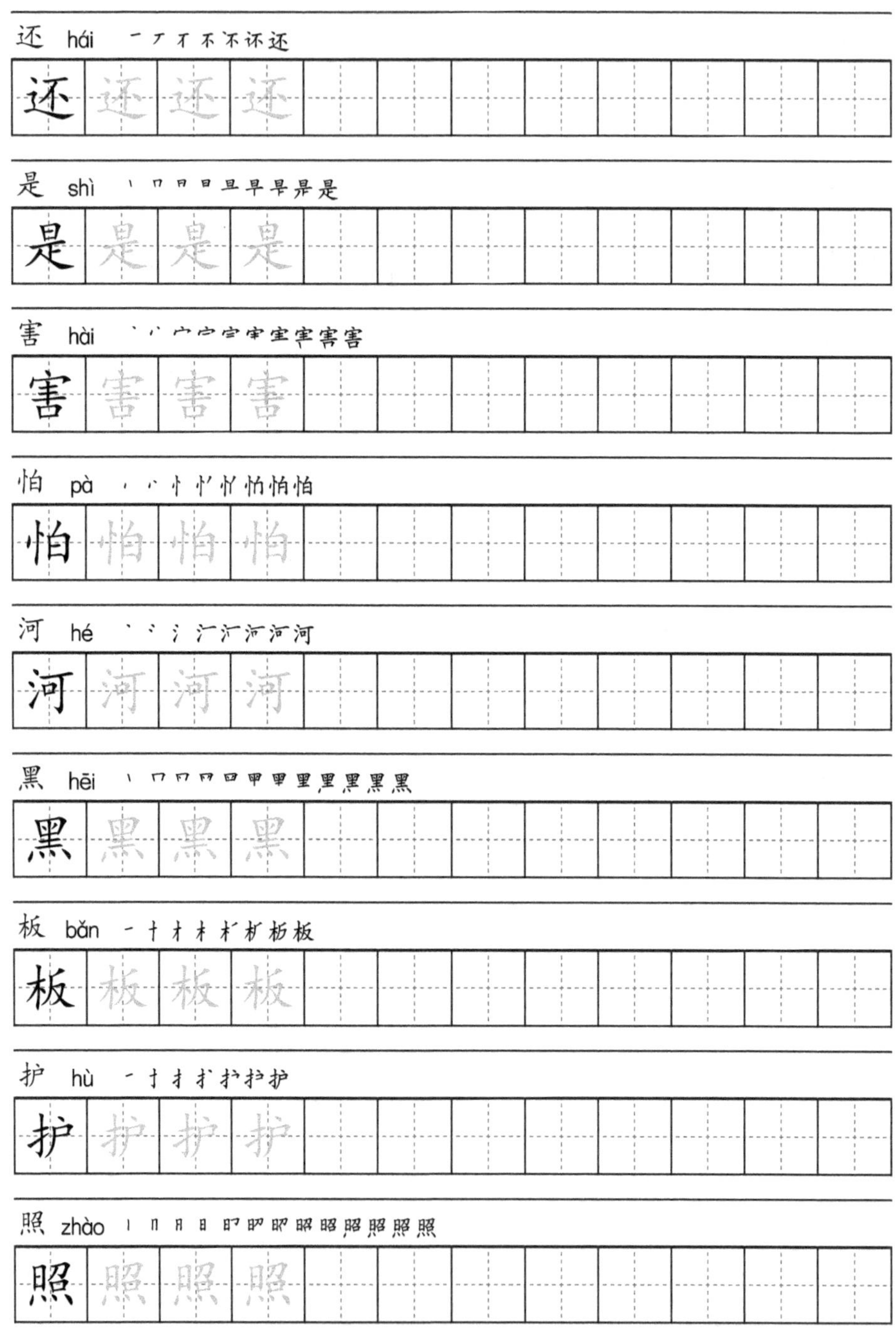

还 hái 一ア才不不还还

是 shì 丶口日日旦早早昰是

害 hài 丶丷宀宀宀宔宔害害害

怕 pà 丶丷忄忄忄怕怕怕

河 hé 丶丶氵氵沪沪河河

黑 hēi 丶口口四四甲里里黑黑黑

板 bǎn 一十才木术板板板

护 hù 一十才扩护护护

照 zhào 丨冂冃日旳昭昭照照照照照

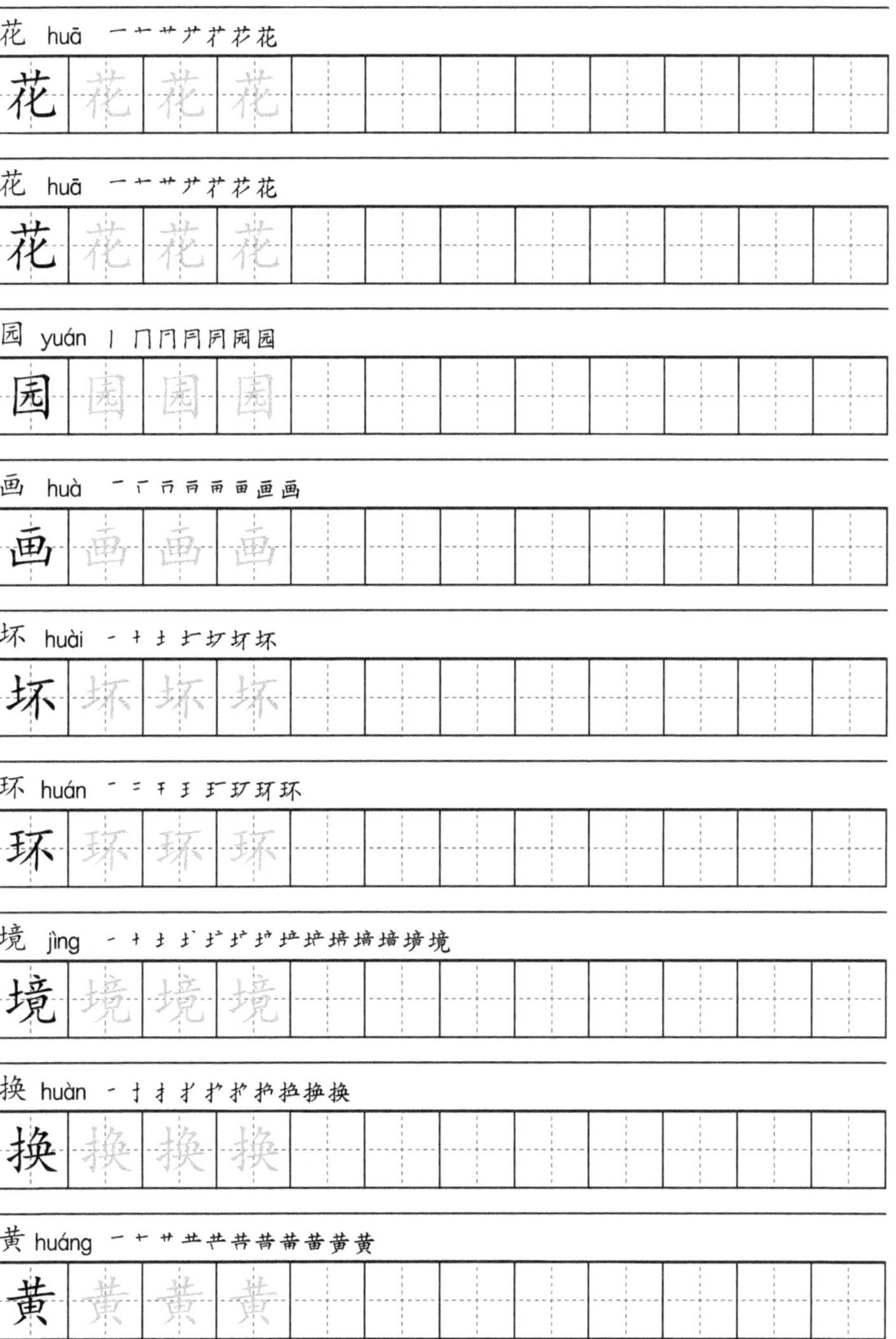

花 huā 一 十 艹 艹 艹 芬 花 花
花

花 huā 一 十 艹 艹 艹 芬 花 花
花

园 yuán 丨 门 门 冈 冈 园 园
园

画 huà 一 厂 厂 币 币 画 画 画
画

坏 huài 一 十 土 圹 圻 圻 坏
坏

环 huán 一 二 千 王 𤣩 环 环 环
环

境 jìng 一 十 土 圹 圹 圹 垆 培 培 境 境 境 境
境

换 huàn 一 扌 扌 扩 扩 护 护 护 换 换
换

黄 huáng 一 十 艹 艹 芕 芕 苗 苗 苗 黄 黄
黄

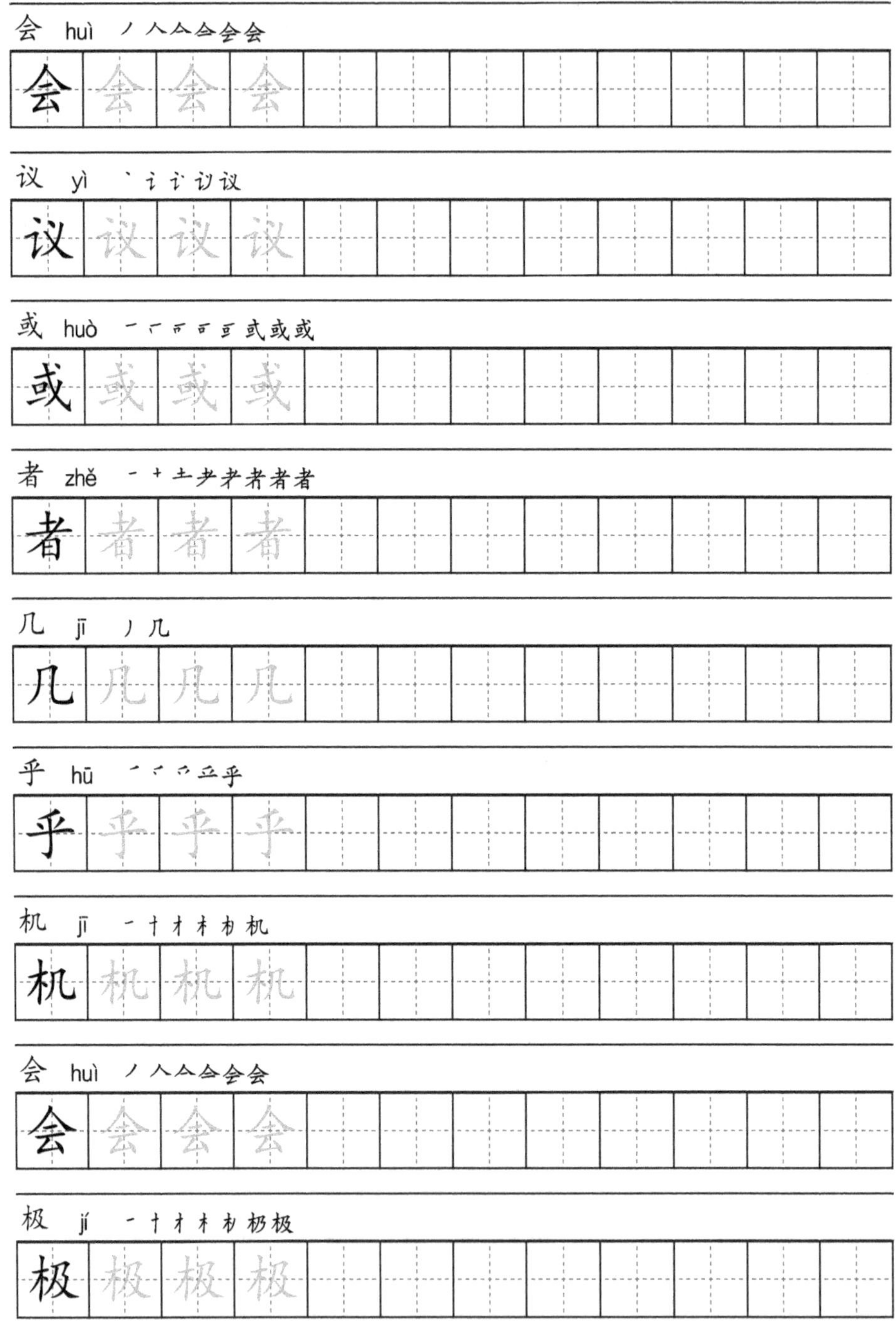

会 huì ノ人人仐会会

议 yì 丶讠计议议

或 huò 一厂 口 或 或

者 zhě 一 十 土 耂 者 者 者

几 jī ノ几

乎 hū 一 乊 平 乎

机 jī 一 十 才 木 机 机

会 huì ノ人人仐会会

极 jí 一 十 才 木 极 极

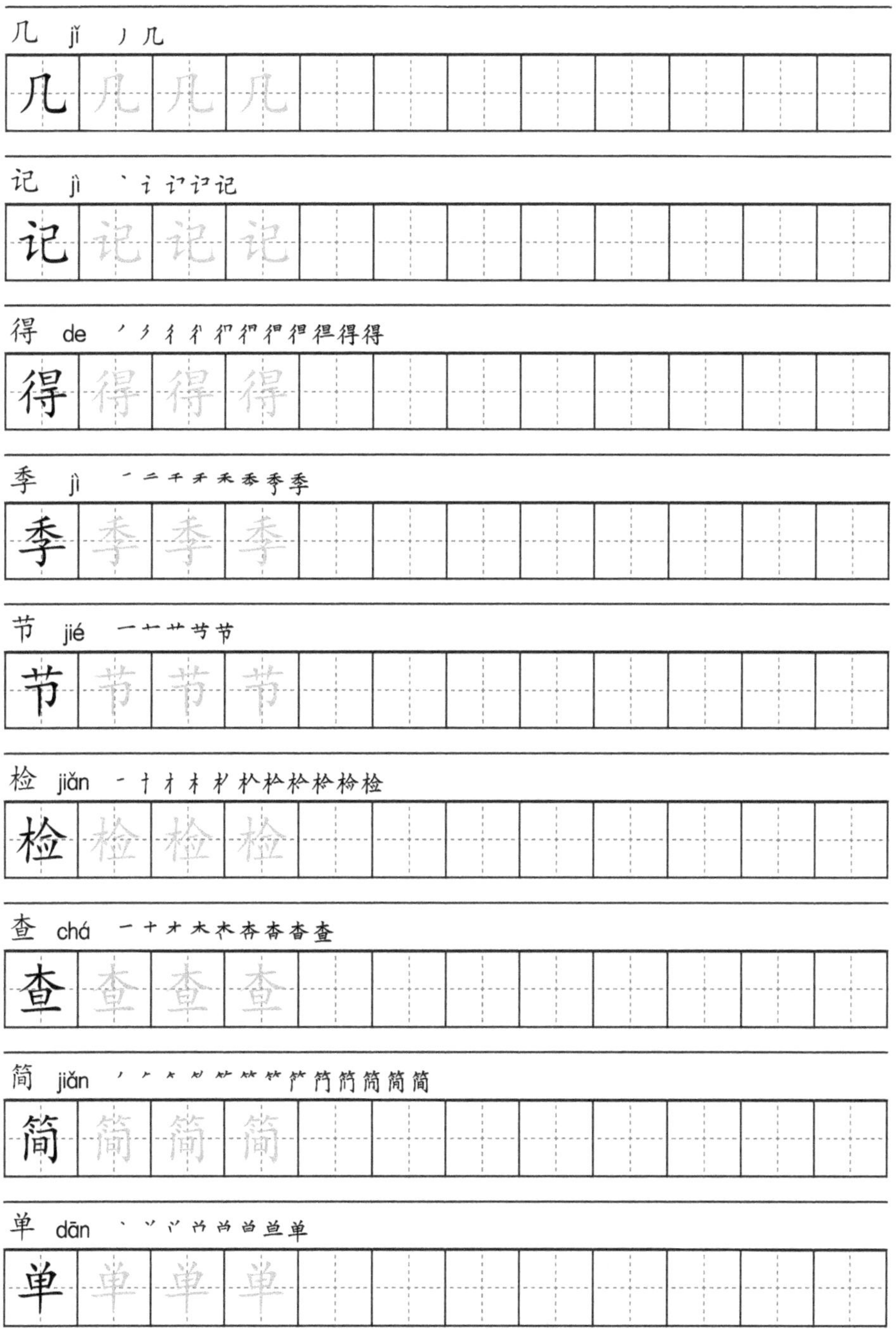

几 jǐ ノ几
几

记 jì 丶讠记记
记

得 de ノ彳彳彳徝徝徝徝得得
得

季 jì 一二千禾禾季季季
季

节 jié 一艹艹节节
节

检 jiǎn 一十才木材杧柃柃柃检
检

查 chá 一十才木杏杏查查
查

简 jiǎn ノ𠂉竹竹竹竹笛筲简简简
简

单 dān 丶丷丷单单单单单
单

| 健 jiàn | ノ イ イ´ イ⁻ イ= イ= イ聿 イ聿 健 健 |

健 健 健 健

| 康 kāng | 、 亠 广 广 庐 庐 庐 庐 庐 康 康 |

康 康 康 康

| 见 jiàn | 丨 冂 贝 见 |

见 见 见 见

| 面 miàn | 一 丆 丆 万 而 而 而 面 面 |

面 面 面 面

| 讲 jiǎng | 、 讠 讧 讲 讲 讲 |

讲 讲 讲 讲

| 教 jiào | 一 十 土 尹 耂 孝 孝 孝 孝 教 教 |

教 教 教 教

| 脚 jiǎo | 丿 几 月 月 胠 胠 胠 脚 脚 脚 |

脚 脚 脚 脚

| 角 jiǎo | 丿 𠂊 𠂇 角 角 角 角 |

角 角 角 角

| 接 jiē | 一 十 扌 扌 扩 扩 护 按 接 接 |

接 接 接 接

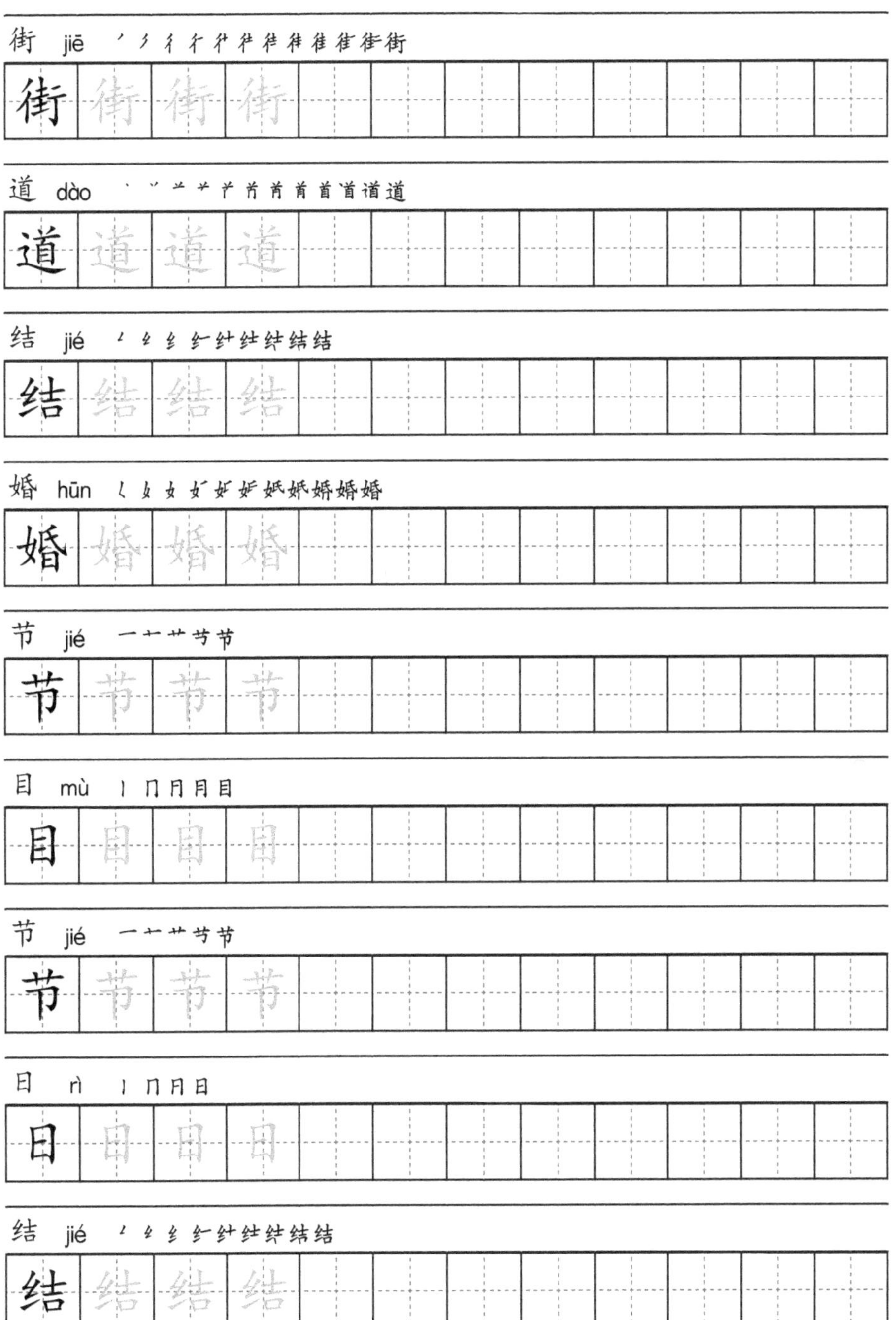

街 jiē ′ ゛ 彳 彳 彳 彳 衧 徍 徍 街 街

街 街 街 街

道 dào ` ゛ ゛ 艹 艹 首 首 首 首 道 道

道 道 道 道

结 jié ′ ′ 纟 纟 纟 纩 纩 结 结

结 结 结 结

婚 hūn ′ 女 女 妒 妒 妖 妖 婚 婚 婚 婚

婚 婚 婚 婚

节 jié 一 艹 艹 芍 节

节 节 节 节

目 mù ｜ 冂 冃 目 目

目 目 目 目

节 jié 一 艹 艹 芍 节

节 节 节 节

日 rì ｜ 冂 冃 日

日 日 日 日

结 jié ′ ′ 纟 纟 纟 纩 纩 结 结

结 结 结 结

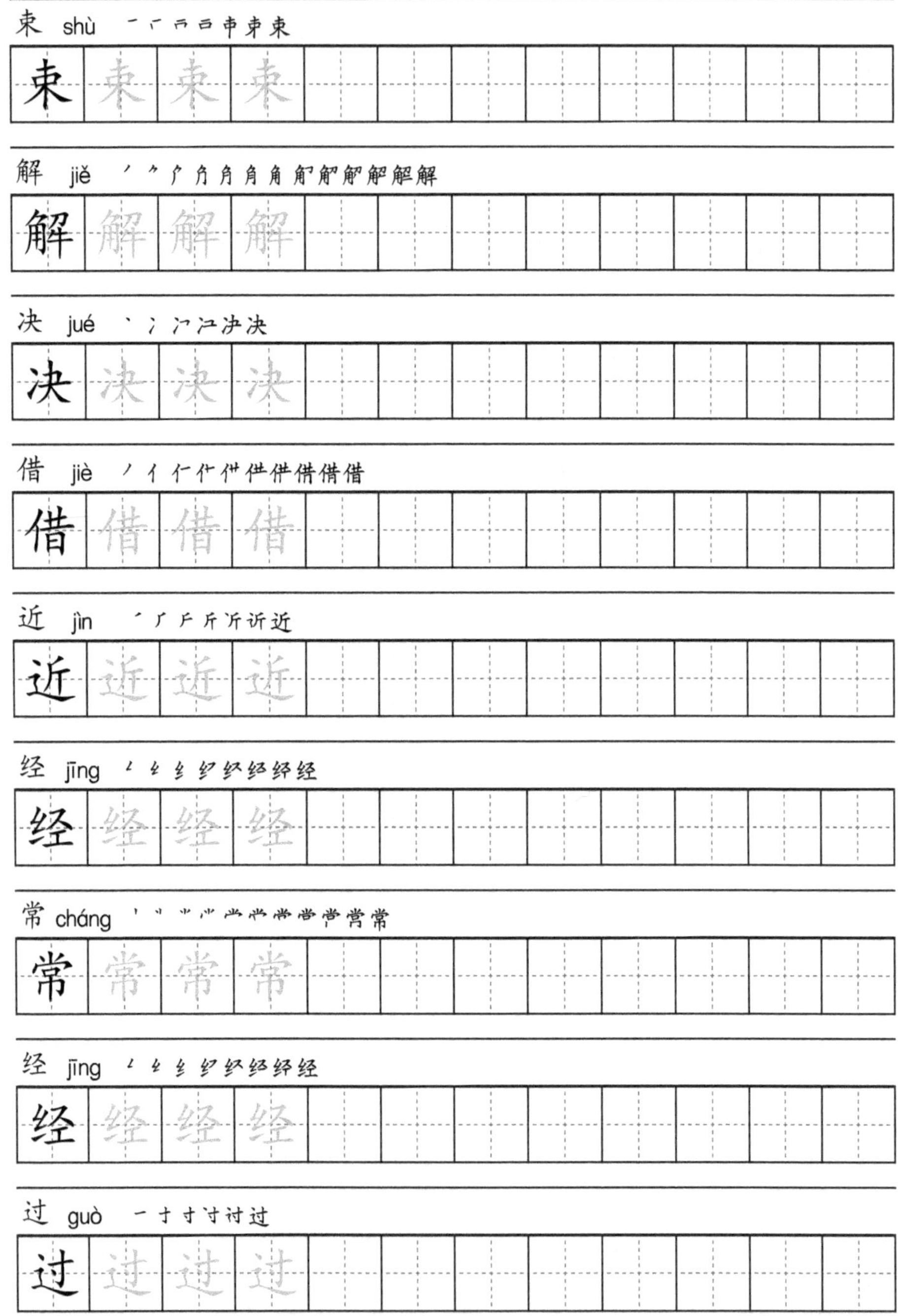

束 shù 一 厂 币 市 束 束
解 jiě 丿 ⺈ ⺈ 戶 角 角 角 解 解 解 解
决 jué 丶 冫 冫 沪 决
借 jiè 丿 亻 亻 亻 供 供 借 借 借
近 jìn 丶 斤 斤 斤 斤 近 近
经 jīng 乚 幺 纟 纟 红 纤 经 经
常 cháng 丶 冖 冖 丷 ⺍ 尚 常 常 常 常
经 jīng 乚 幺 纟 纟 红 纤 经 经
过 guò 一 寸 寸 过 过 过

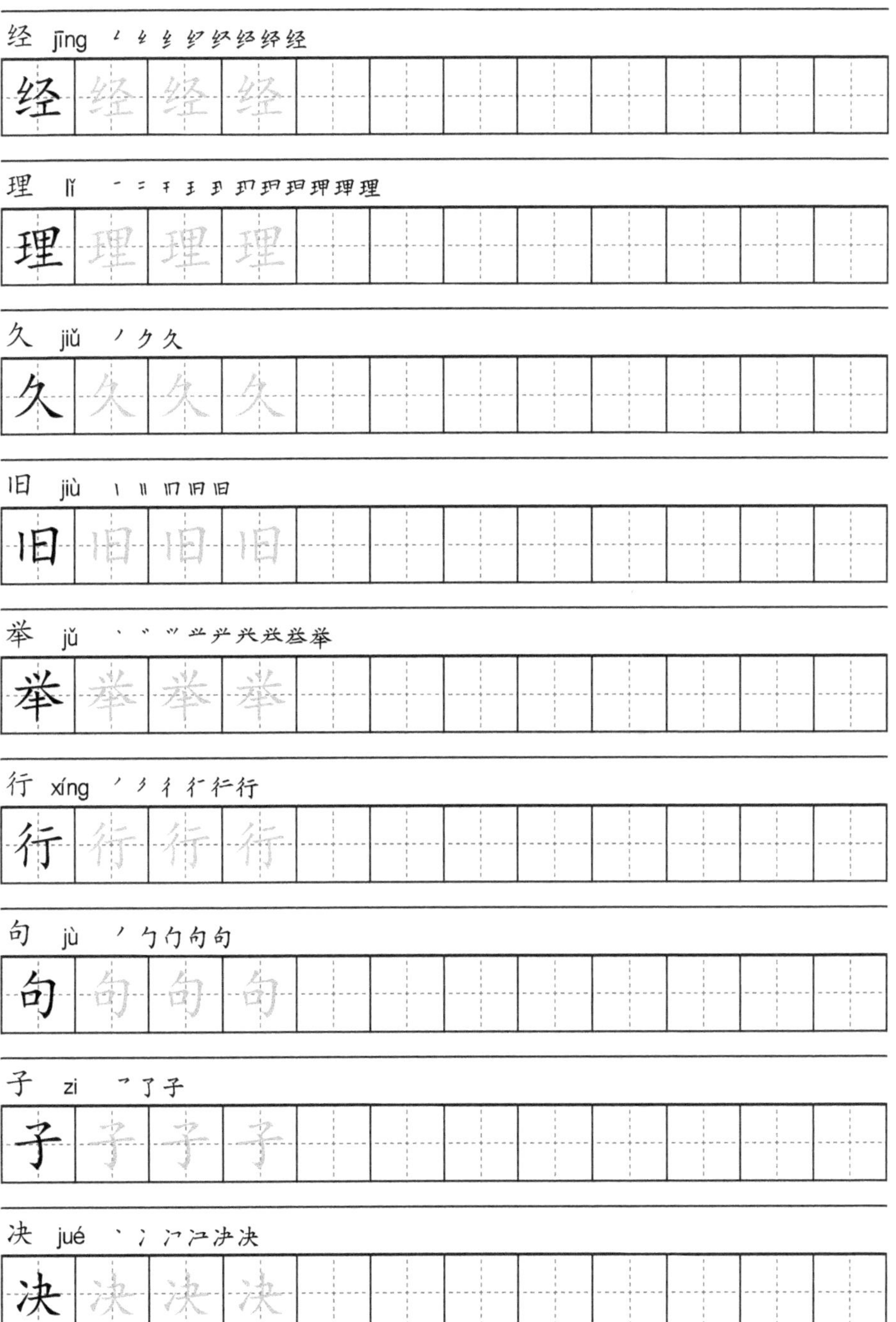

经 jīng 丶 纟 纟 纟 经 经 经 经
经 经 经 经

理 lǐ 一 二 千 王 玛 玛 玛 玾 理 理 理
理 理 理 理

久 jiǔ 丿 夕 久
久 久 久 久

旧 jiù 丨 丨 丨 旧 旧
旧 旧 旧 旧

举 jǔ 丶 丶 丷 丷 严 兴 兴 兴 举
举 举 举 举

行 xíng 丿 彳 彳 彳 行 行
行 行 行 行

句 jù 丿 勹 勹 句 句
句 句 句 句

子 zi ㇇ 了 子
子 子 子 子

决 jué 丶 冫 冫 冫 决 决
决 决 决 决

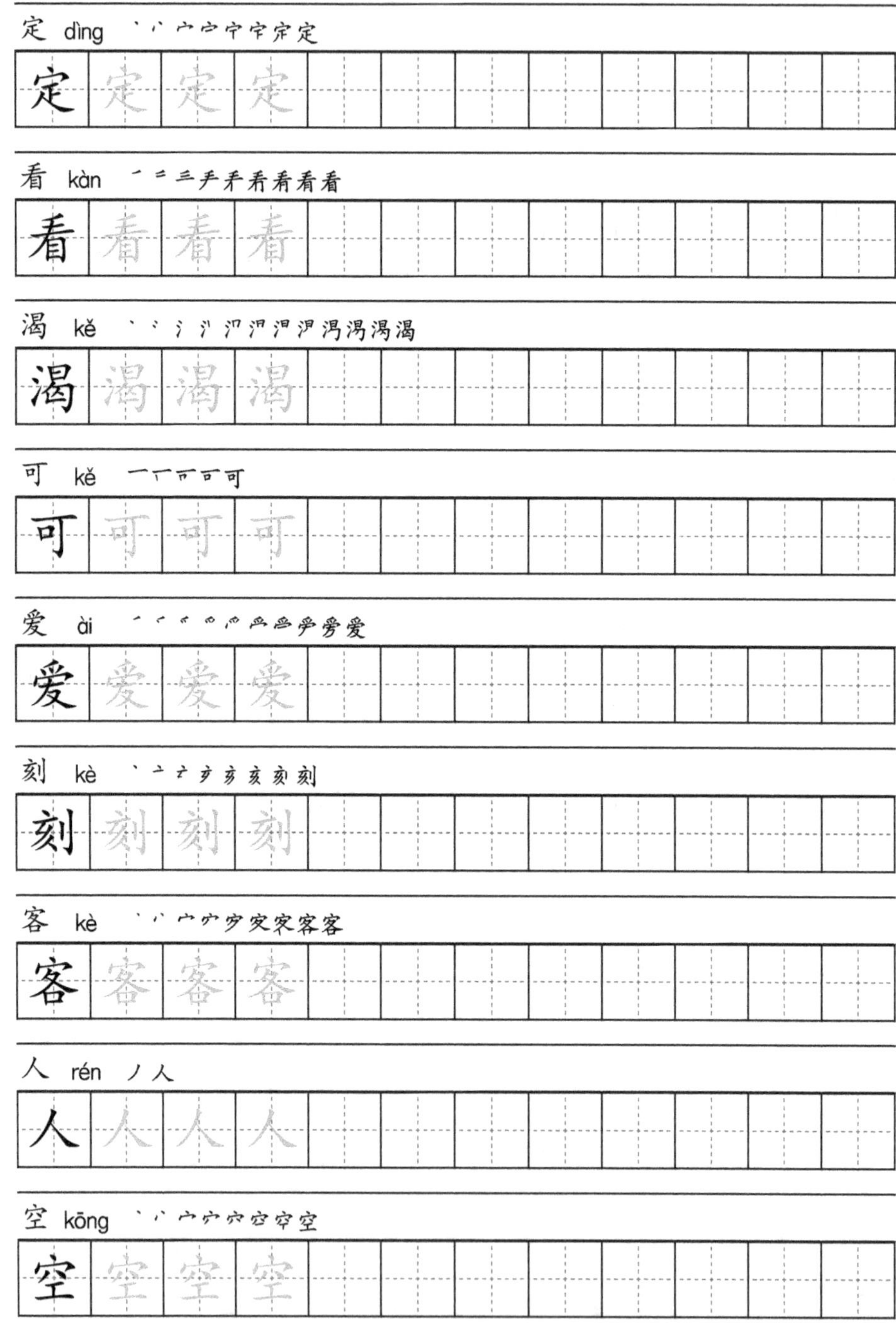

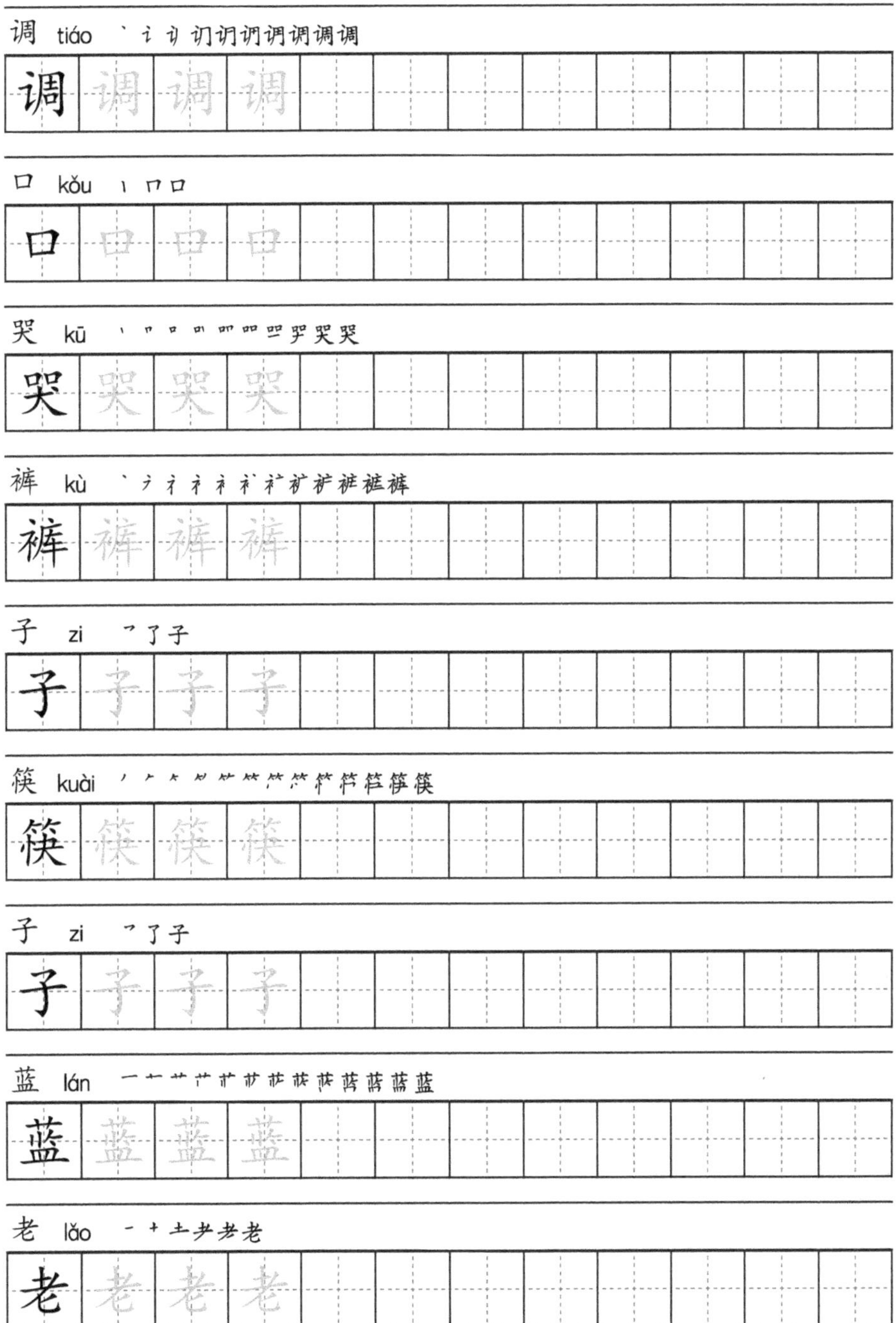

调 tiáo ` i i 订 订 订 调 调 调 调
调 调 调 调

口 kǒu ` 冂 口
口 口 口 口

哭 kū ` 冖 口 口 叩 叩 哭 哭 哭
哭 哭 哭 哭

裤 kù ` フ 礻 礻 礻 礻 礻 裤 裤 裤 裤
裤 裤 裤 裤

子 zi フ 了 子
子 子 子 子

筷 kuài ノ 卜 卜 竹 竹 竹 竹 竺 竺 笁 筷 筷
筷 筷 筷 筷

子 zi フ 了 子
子 子 子 子

蓝 lán 一 十 艹 艹 莎 莎 菇 蓝 蓝 蓝 蓝 蓝 蓝
蓝 蓝 蓝 蓝

老 lǎo 一 十 土 耂 老 老
老 老 老 老

离 lí　丶一ナ玄玄卤声离离离

| 离 | 离 | 离 | 离 | | | | | | | | | |

开 kāi　一二开开

| 开 | 开 | 开 | 开 | | | | | | | | | |

礼 lǐ　丶ネ礻礼

| 礼 | 礼 | 礼 | 礼 | | | | | | | | | |

物 wù　丿丷牛牛牜牣物物

| 物 | 物 | 物 | 物 | | | | | | | | | |

历 lì　一厂万历

| 历 | 历 | 历 | 历 | | | | | | | | | |

史 shǐ　丶口口史史

| 史 | 史 | 史 | 史 | | | | | | | | | |

脸 liǎn　丿月月月肸脸脸脸脸脸

| 脸 | 脸 | 脸 | 脸 | | | | | | | | | |

练 liàn　丶纟纟纟红纬练练

| 练 | 练 | 练 | 练 | | | | | | | | | |

习 xí　フ习习

| 习 | 习 | 习 | 习 | | | | | | | | | |

辆 liàng 一 𠂤 车 车 车 轫 轫 轫 辆 辆 辆

| 辆 | 辆 | 辆 | 辆 | | | | | | | |

了 liǎo 了 了

| 了 | 了 | 了 | 了 | | | | | | | |

解 jiě 丿 𠂉 𠂆 𠂆 角 角 角 解 解 解 解 解 解

| 解 | 解 | 解 | 解 | | | | | | | |

邻 lín 丿 𠂇 𠂈 今 令 邻 邻

| 邻 | 邻 | 邻 | 邻 | | | | | | | |

居 jū 𠃌 𠃍 尸 尸 屏 屏 居 居

| 居 | 居 | 居 | 居 | | | | | | | |

楼 lóu 一 十 才 木 木 杉 楼 桄 桄 楼 楼 楼 楼

| 楼 | 楼 | 楼 | 楼 | | | | | | | |

绿 lǜ 乙 𰀁 纟 纟 纩 纩 纺 绿 绿 绿 绿

| 绿 | 绿 | 绿 | 绿 | | | | | | | |

马 mǎ 𠃌 马 马

| 马 | 马 | 马 | 马 | | | | | | | |

满 mǎn 丶 丶 氵 沪 沪 汫 满 满 满 满 满 满 满

| 满 | 满 | 满 | 满 | | | | | | | |

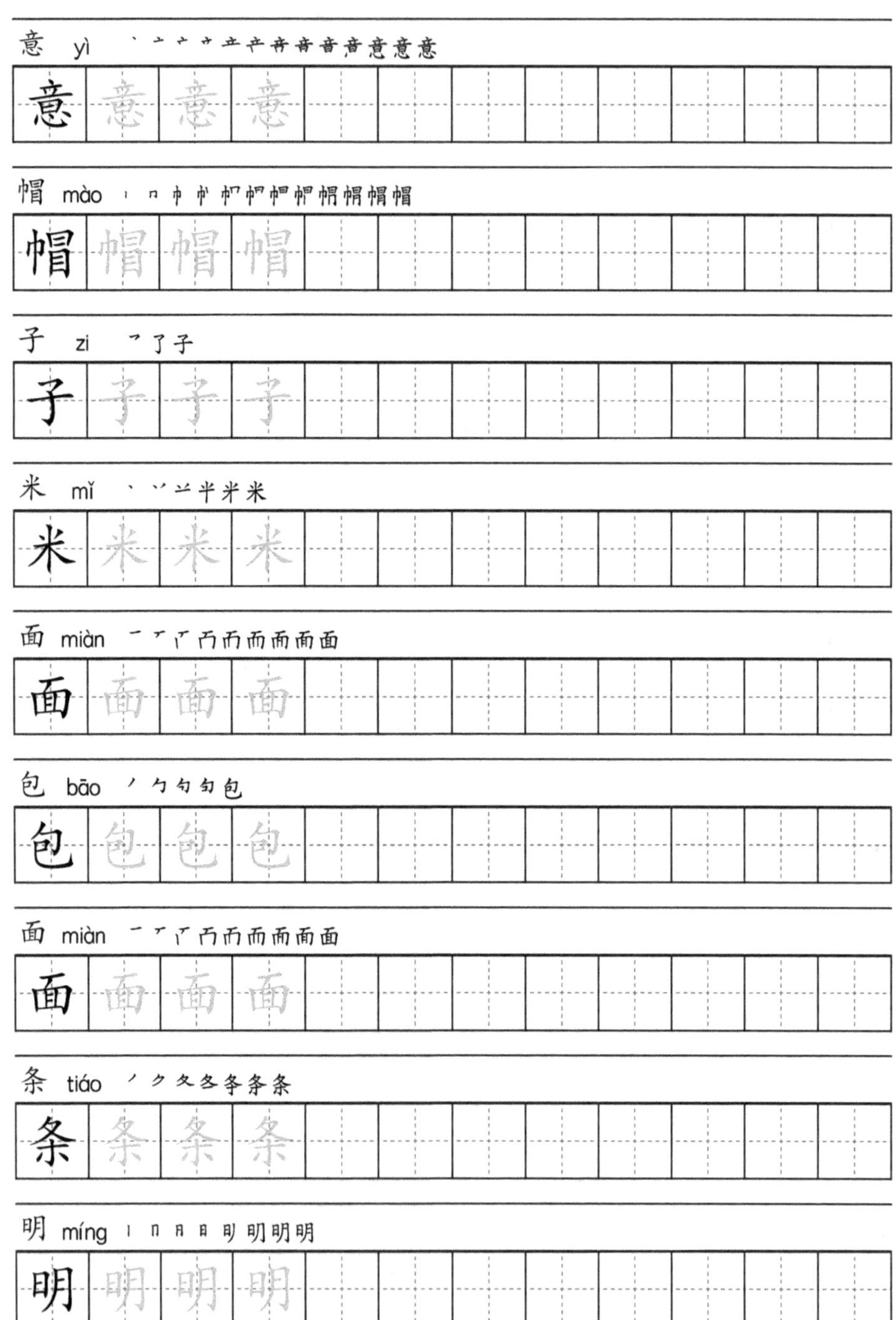

意 yì 、一十十立产产音音音意意意
帽 mào 丨冂巾帅帆帆帽帽帽帽帽
子 zǐ 了了子
米 mǐ 、丶丷二半米米
面 miàn 一丆广丆面面面面面
包 bāo 丿勹勺包包
面 miàn 一丆广丆面面面面面
条 tiáo 丿夂夂条条条
明 míng 丨冂日日明明明明

白 bái ノ イ 白 白 白

拿 ná ノ 人 人 合 合 合 拿 拿 拿

奶 nǎi く 女 女 奶 奶

奶 nǎi く 女 女 奶 奶

难 nán フ ヌ 又 刈 刈 对 对 难 难 难

南 nán 一 十 十 内 内 两 两 南 南

难 nán フ ヌ 又 刈 刈 对 对 难 难 难

过 guò 一 寸 寸 对 过 过

年 nián ノ 广 广 二 午 年

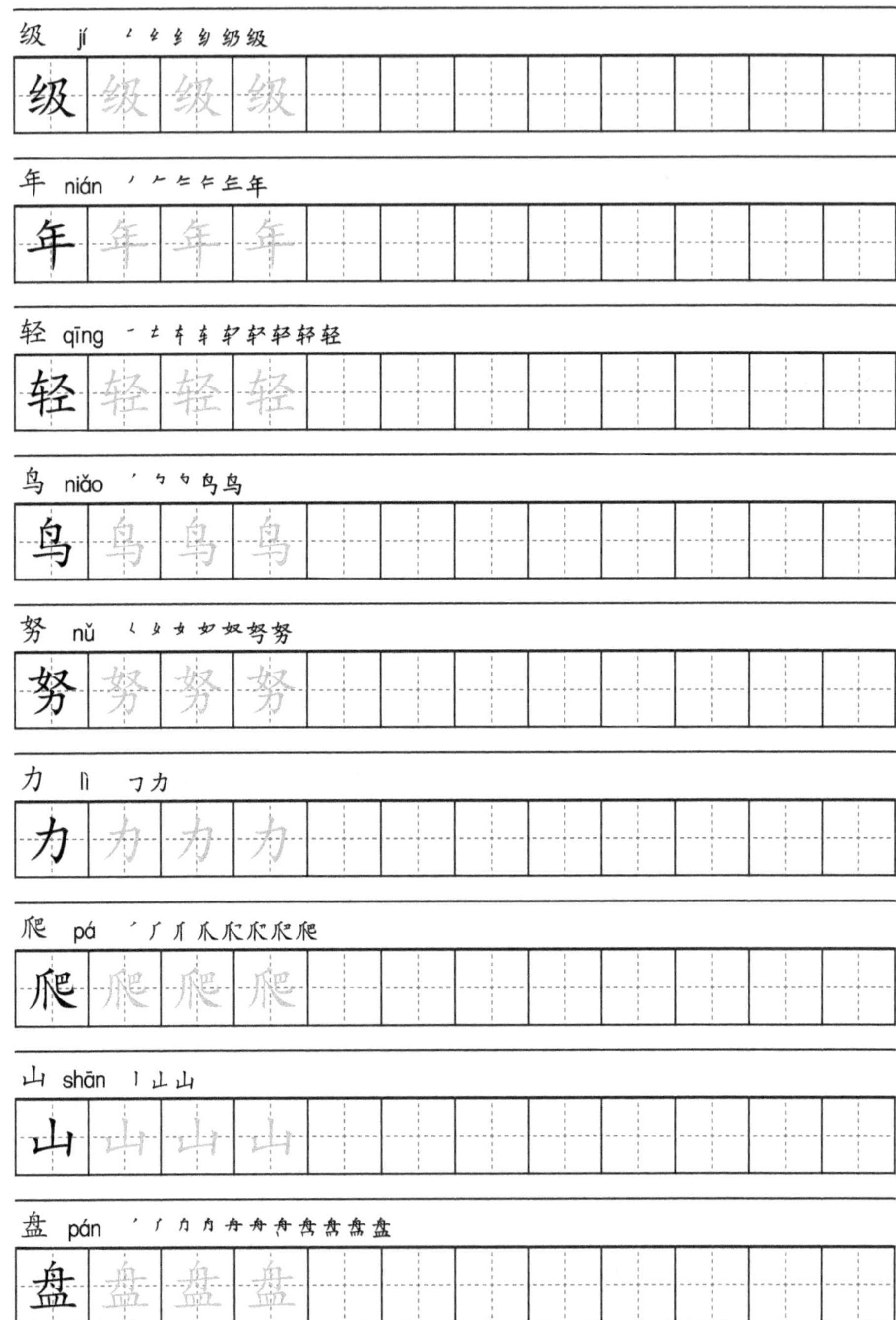

级 jí ㇐ ㇑ 纟 纟 级 级
级 级 级 级
年 nián ㇒ ㇑ ㇐ ㇑ ㇐ 年
年 年 年 年
轻 qīng ㇐ ㇑ 车 车 轻 轻 轻 轻 轻
轻 轻 轻 轻
鸟 niǎo ㇒ ㇆ ㇇ 鸟 鸟
鸟 鸟 鸟 鸟
努 nǔ ㇈ ㇆ 女 女 奴 努 努
努 努 努 努
力 lì ㇆ 力
力 力 力 力
爬 pá ㇒ ㇆ ㇑ 爪 爪 爪 爬 爬
爬 爬 爬 爬
山 shān ㇑ 凵 山
山 山 山 山
盘 pán ㇒ ㇆ 力 内 舟 舟 舟 舟 盘 盘 盘
盘 盘 盘 盘

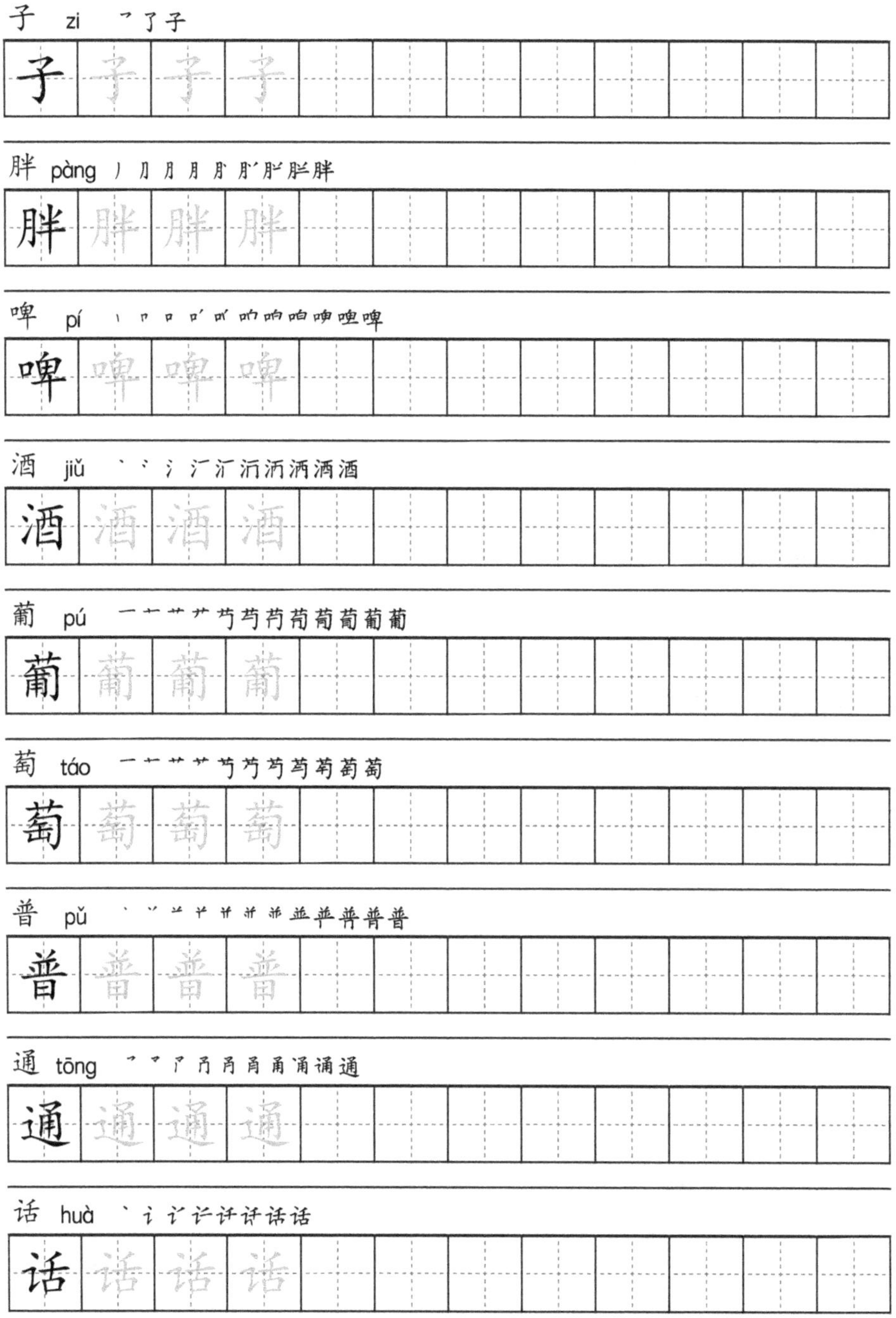

子 zi ㇖了子
子 子 子 子
胖 pàng ノ 刀 月 月 月 肝 肝 肝 胖
胖 胖 胖 胖
啤 pí 丶 丬 口 口 口 四 叩 呻 啤 啤 啤
啤 啤 啤 啤
酒 jiǔ 丶 丶 氵 汀 汀 沂 洒 洒 洒 酒
酒 酒 酒 酒
葡 pú 一 十 艹 艹 艻 芍 芍 荀 葡 葡 葡 葡
葡 葡 葡 葡
萄 táo 一 十 艹 艹 艻 芍 芍 荀 萄 萄 萄
萄 萄 萄 萄
普 pǔ 丶 丶 丷 丬 屶 并 并 並 普 普 普 普
普 普 普 普
通 tōng 丶 丶 丆 丙 丙 甬 甬 甬 诵 通
通 通 通 通
话 huà 丶 讠 讠 讦 讦 话 话 话
话 话 话 话

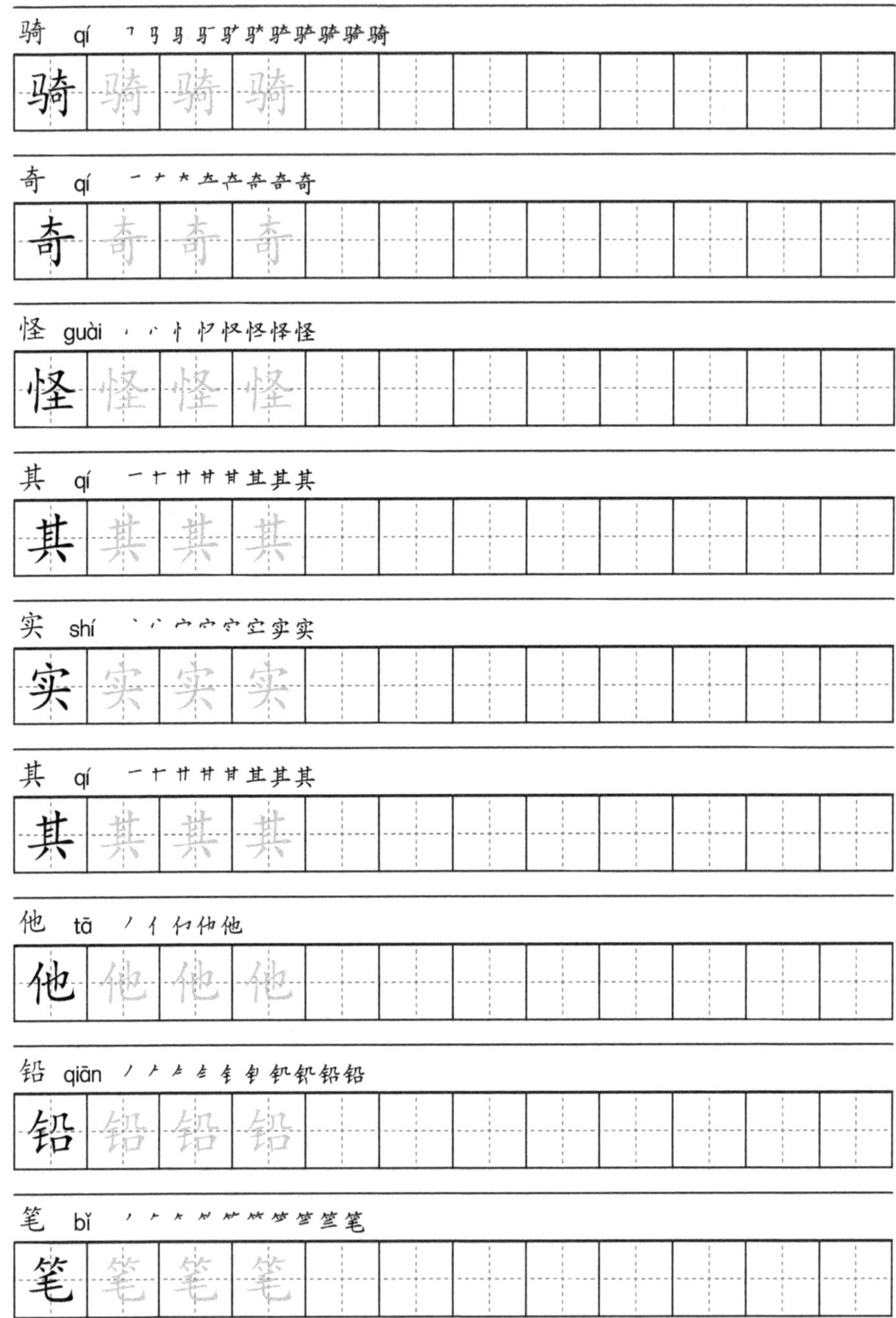

骑 qí	丁马马马驴驴驴驴骑骑骑
奇 qí	一大大六产奇奇奇
怪 guài	・丶忄忄怀怪怪怪
其 qí	一十廿廿甘其其其
实 shí	丶丷宀宁宇实实
其 qí	一十廿廿甘其其其
他 tā	丿亻仲他他
铅 qiān	丿仁钅钅铝铝铝铅铅
笔 bǐ	丿⺮竹竹竺笔笔笔

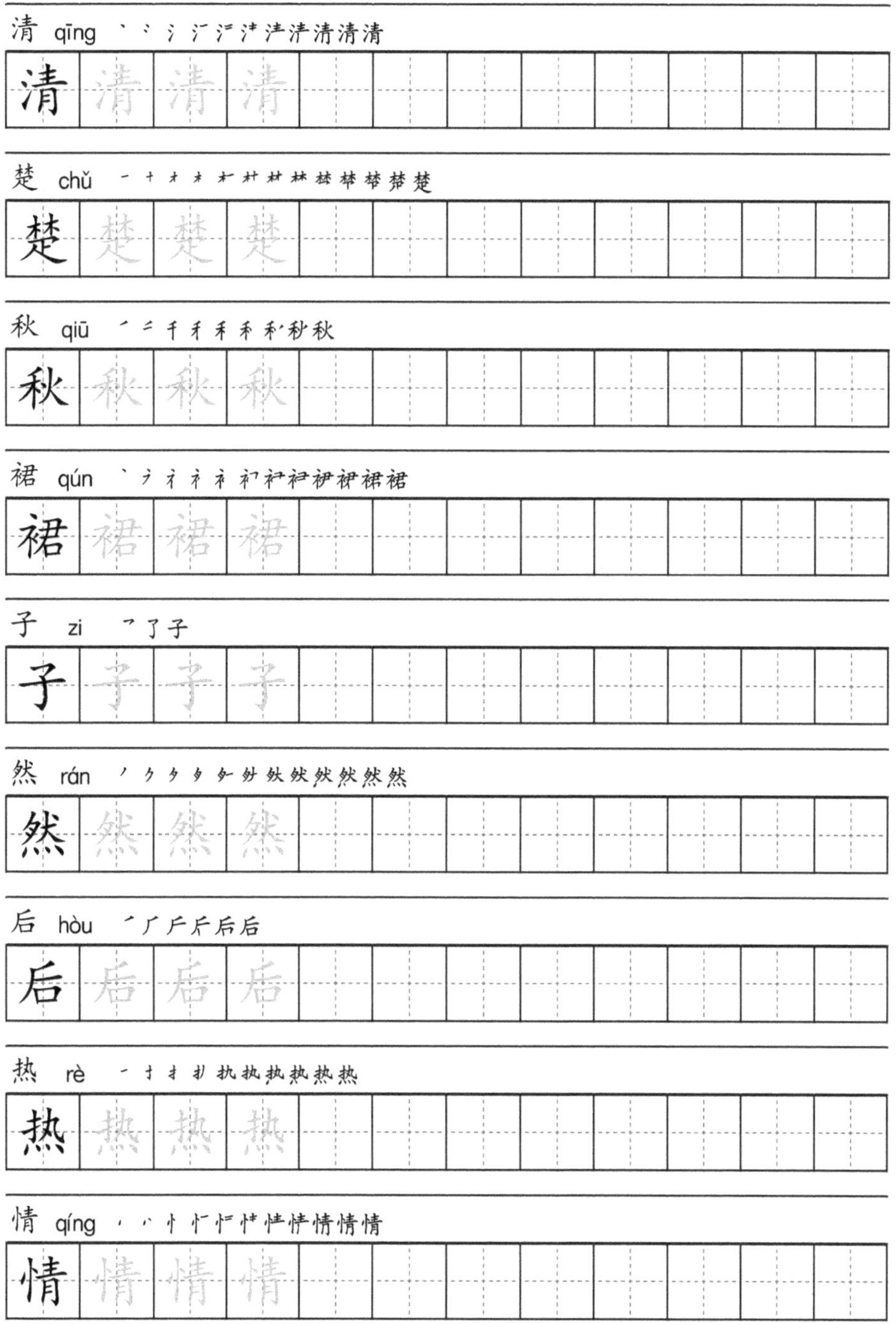

清 qīng 丶丶氵氵浐浐淸淸清清清

楚 chǔ 一十才木木村林林林梵梵楚

秋 qiū 一二千千禾禾利秒秋

裙 qún 丶ラ衤衤衤裙裙裙裙裙裙

子 zi フ了子

然 rán 丿夕夕夕夕妖狀狀然然然

后 hòu 一厂厂斤后后

热 rè 一十才扫执执执热热热

情 qíng 丶丶忄忄忄忙忙情情情情

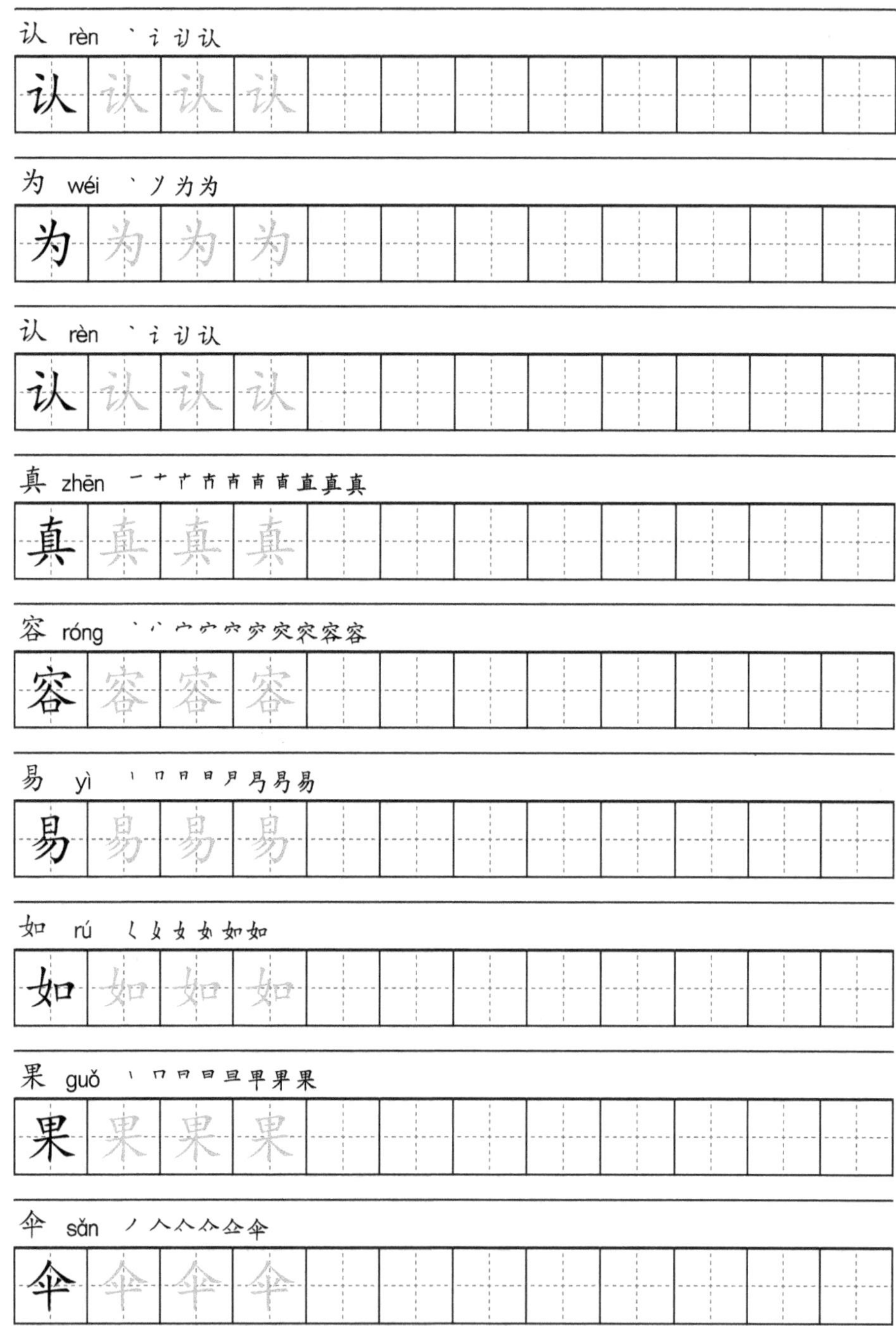

认 rèn ˋ 讠 认 认
为 wéi ˋ 丿 为 为
认 rèn ˋ 讠 认 认
真 zhēn 一 十 广 亢 亢 直 直 真 真
容 róng ˋ 八 宀 宀 宀 宏 突 容 容
易 yì ˋ 冂 日 日 尸 马 易 易
如 rú 乙 夕 女 如 如 如
果 guǒ ˋ 冂 日 日 旦 甲 果 果
伞 sǎn 丿 人 人 个 伞 伞

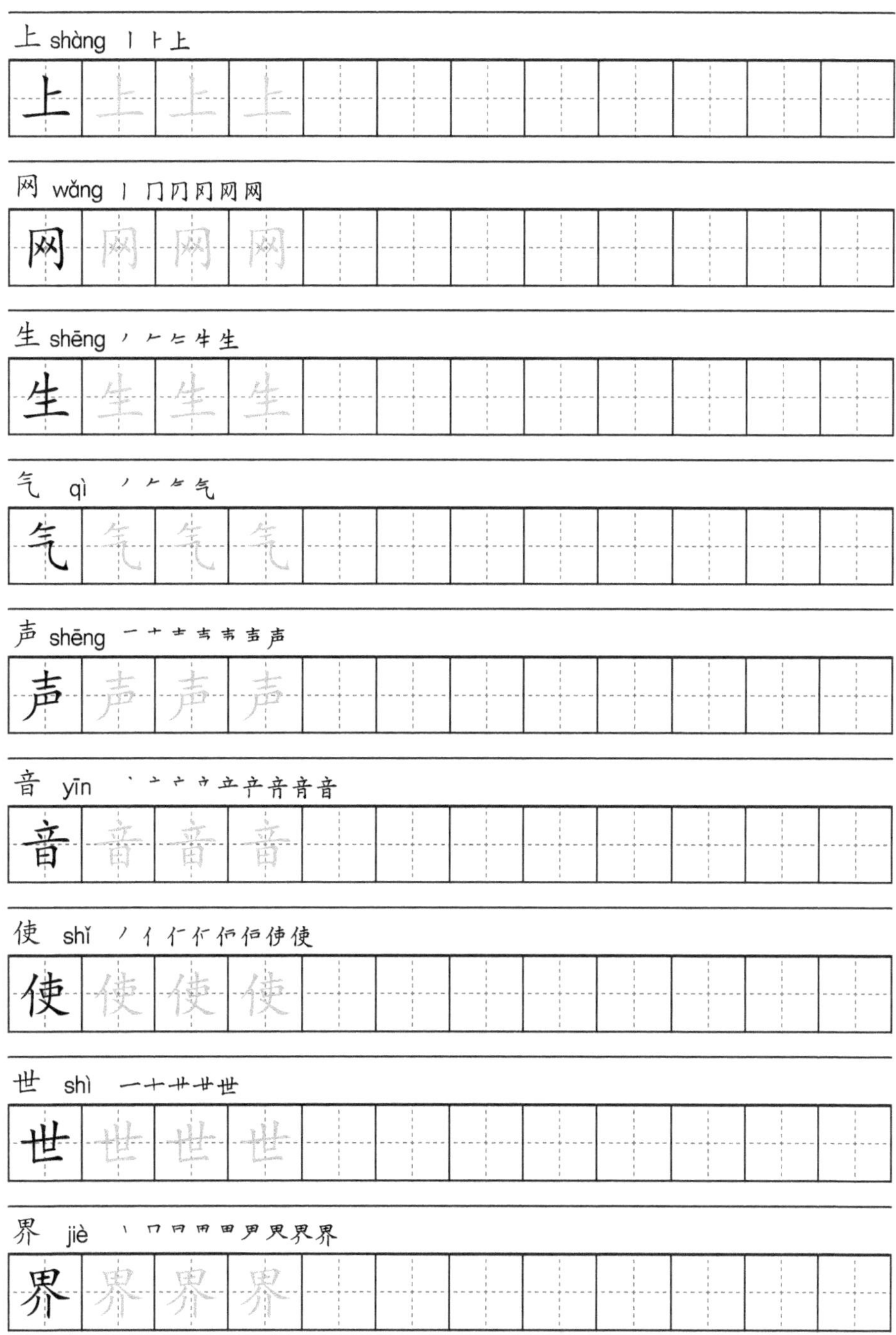

上 shàng 丨 卜 上
上 上 上 上

网 wǎng 丨 冂 冂 冈 网 网
网 网 网 网

生 shēng 丿 丿 生 生 生
生 生 生 生

气 qì 丿 气 气 气
气 气 气 气

声 shēng 一 十 士 吉 吉 吉 声
声 声 声 声

音 yīn 丶 亠 立 立 产 音 音 音
音 音 音 音

使 shǐ 丿 亻 亻 仁 佂 佂 使 使
使 使 使 使

世 shì 一 十 世 世 世
世 世 世 世

界 jiè 丶 冂 冂 田 田 甲 界 界 界
界 界 界 界

瘦 shòu 丶一广广广广疒疒疒疒疒瘐瘐瘦瘦

舒 shū 丿丿丿丿丿丿舍舍舍舍舒舒

服 fú 丿刀月月䏍服服服

叔 shū 丨丨上才才末叔叔

叔 shū 丨丨上才才末叔叔

树 shù 一十才木朾枂枂树树

数 shù 丶丷丷丷丷丷丷娄娄娄数数数

学 xué 丶丷丷丷丷学学学

刷 shuā 丶一尸尸吊吊刷刷

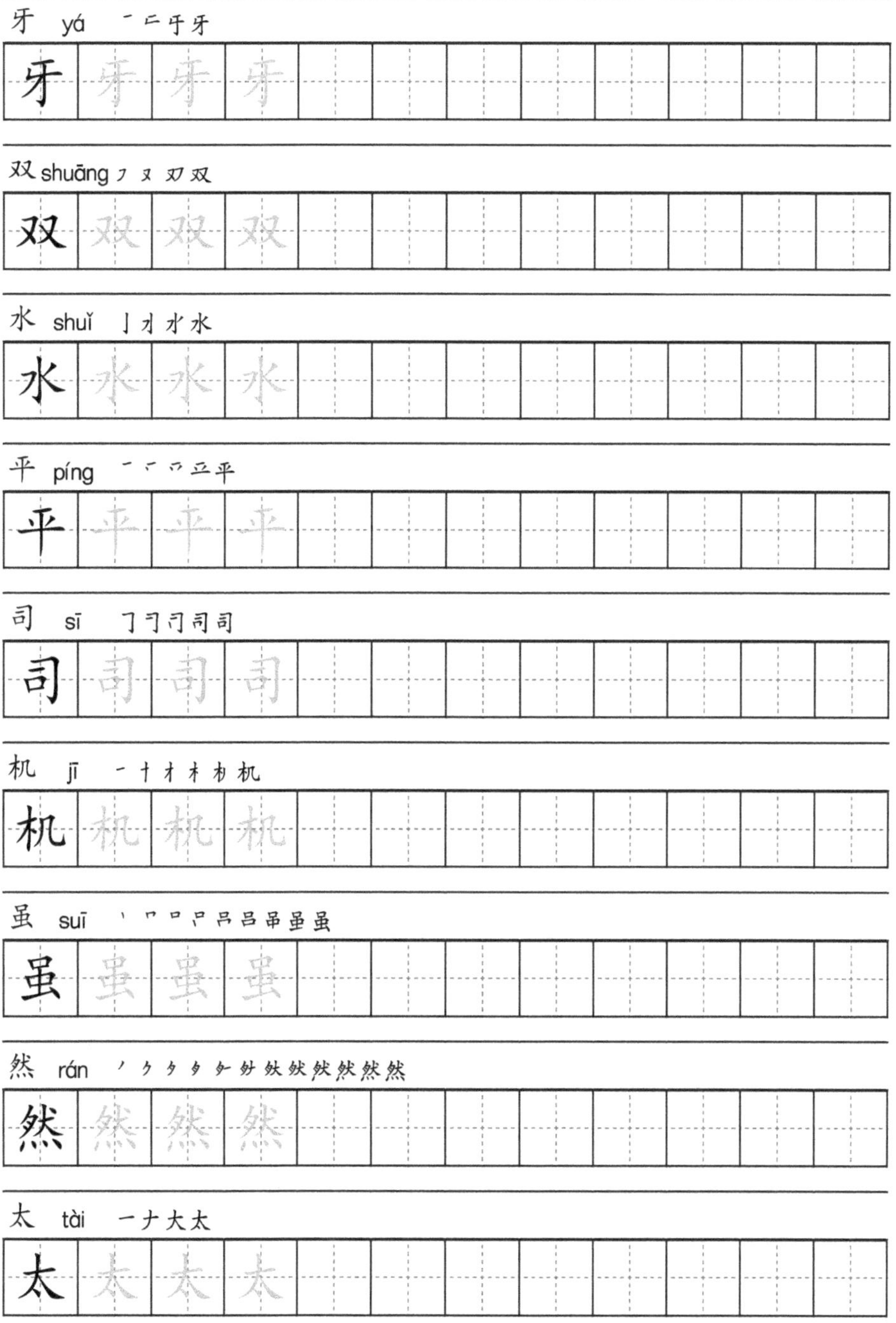

牙 yá 一 二 牙 牙
牙

双 shuāng ㄱ 又 双 双
双

水 shuǐ 丨 𠄌 水 水
水

平 píng 一 丷 ㇒ 平 平
平

司 sī 乛 刁 司 司 司
司

机 jī 一 十 才 木 朾 机
机

虽 suī 丶 口 口 口 吕 吕 吊 虽 虽
虽

然 rán 丿 勺 夕 夕 夕 妷 妷 妷 然 然 然
然

太 tài 一 ナ 大 太
太

| 阳 | yáng | ｱ ｱ 阝 阳 阳 阳 |

阳 阳 阳 阳

| 糖 | táng | ` ` ` ` ` ` ` ` ` ` ` ` ` ` 糖 糖 糖 糖 |

糖 糖 糖 糖

| 特 | tè | ` ` ` ` ` ` ` ` ` ` 特 特 |

特 特 特 特

| 别 | bié | ` ` ` ` ` ` 别 别 |

别 别 别 别

| 疼 | téng | ` ` ` ` ` ` ` ` ` ` 疼 疼 |

疼 疼 疼 疼

| 提 | tí | ` ` ` ` ` ` ` ` ` ` ` ` 提 |

提 提 提 提

| 高 | gāo | ` ` ` ` ` ` ` ` 高 高 高 |

高 高 高 高

| 体 | tǐ | ` ` ` ` ` ` 休 体 |

体 体 体 体

| 育 | yù | ` ` ` ` ` ` 育 育 育 |

育 育 育 育

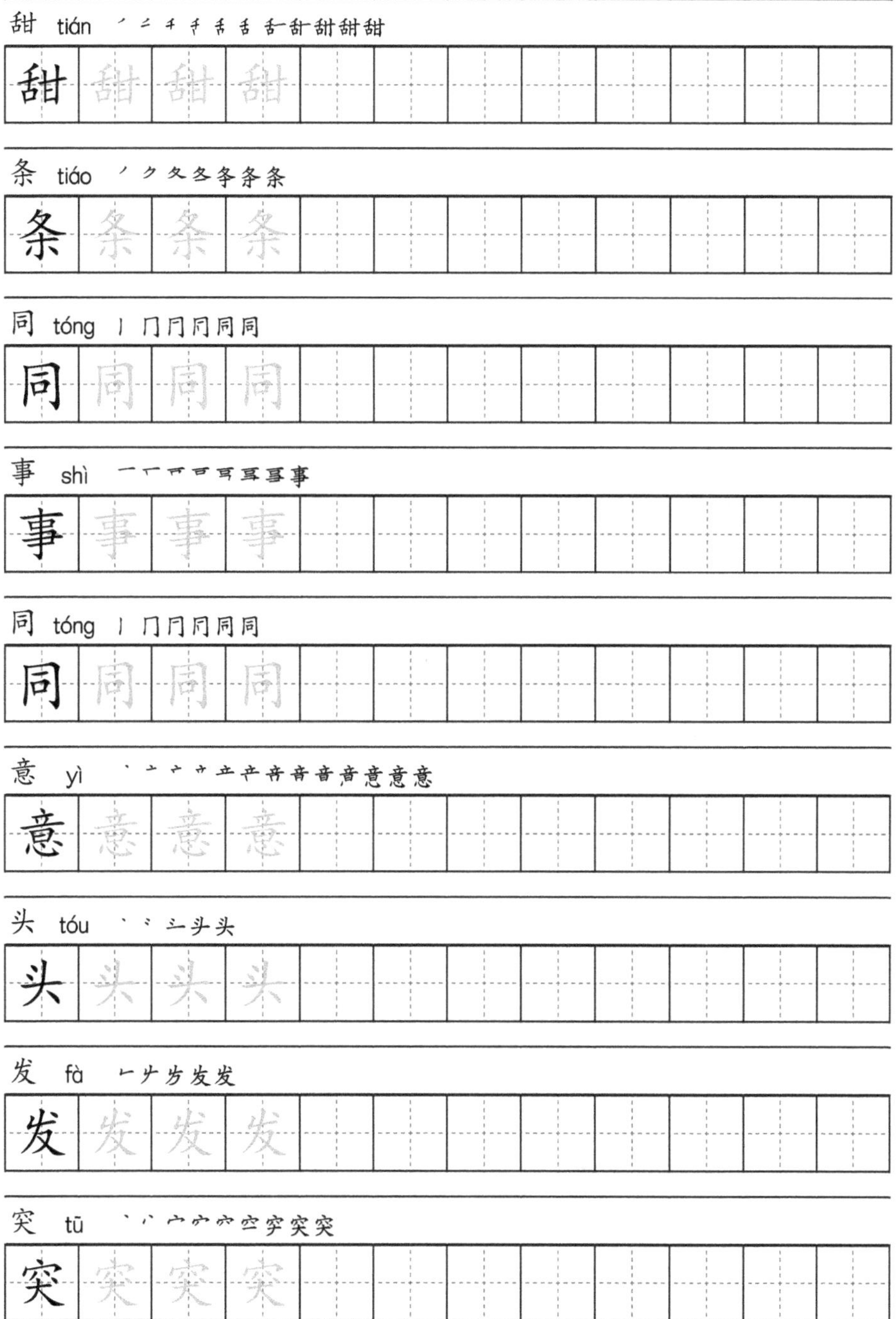

甜 tián ノ 一 十 千 舌 舌 舌 甜 甜 甜 甜

甜

条 tiáo ノ ク 久 冬 条 条 条

条

同 tóng 丨 冂 冂 同 同 同

同

事 shì 一 一 一 一 一 写 写 事

事

同 tóng 丨 冂 冂 同 同 同

同

意 yì 丶 一 六 亠 产 产 音 音 音 意 意 意

意

头 tóu 丶 䒑 二 头 头

头

发 fà 一 少 步 发 发

发

突 tū 丶 丷 宀 宀 宀 空 空 突 突

突

然 rán ノ ク タ タ ㄗ 妢 奵 奵 然 然 然

图 tú 丨 冂 冂 冈 冈 図 图 图

书 shū ㄱ 乛 书 书

馆 guǎn ノ ㄅ ㄅ ㄅ ㄅ 饣 饣 馆 馆 馆 馆

腿 tuǐ 丿 月 月 月 月 胩 月 胆 朋 朋 朋 腿 腿

完 wán 丶 ㄨ 宀 宀 空 宇 完

成 chéng 一 厂 万 成 成 成

碗 wǎn 一 丆 丆 石 石 石 矼 砑 砑 砑 碗 碗

万 wàn 一 丆 万

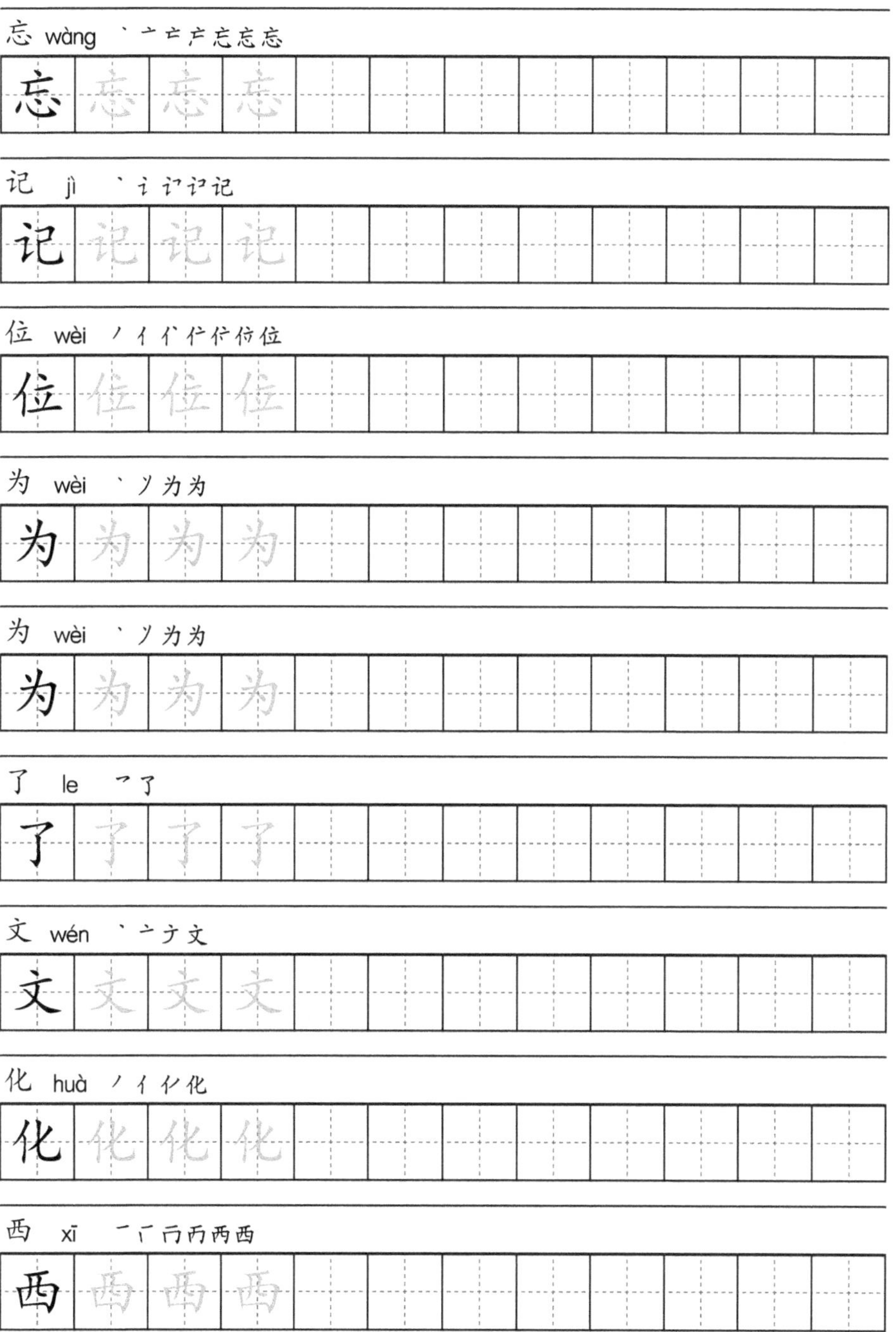

忘 wàng 丶 亠 亡 亡 忘 忘
记 jì 丶 讠 订 记 记
位 wèi 丿 亻 亻 仂 位 位 位
为 wèi 丶 丿 为 为
为 wèi 丶 丿 为 为
了 le 乛 了
文 wén 丶 亠 ナ 文
化 huà 丿 亻 仏 化
西 xī 一 厂 丌 丙 两 西

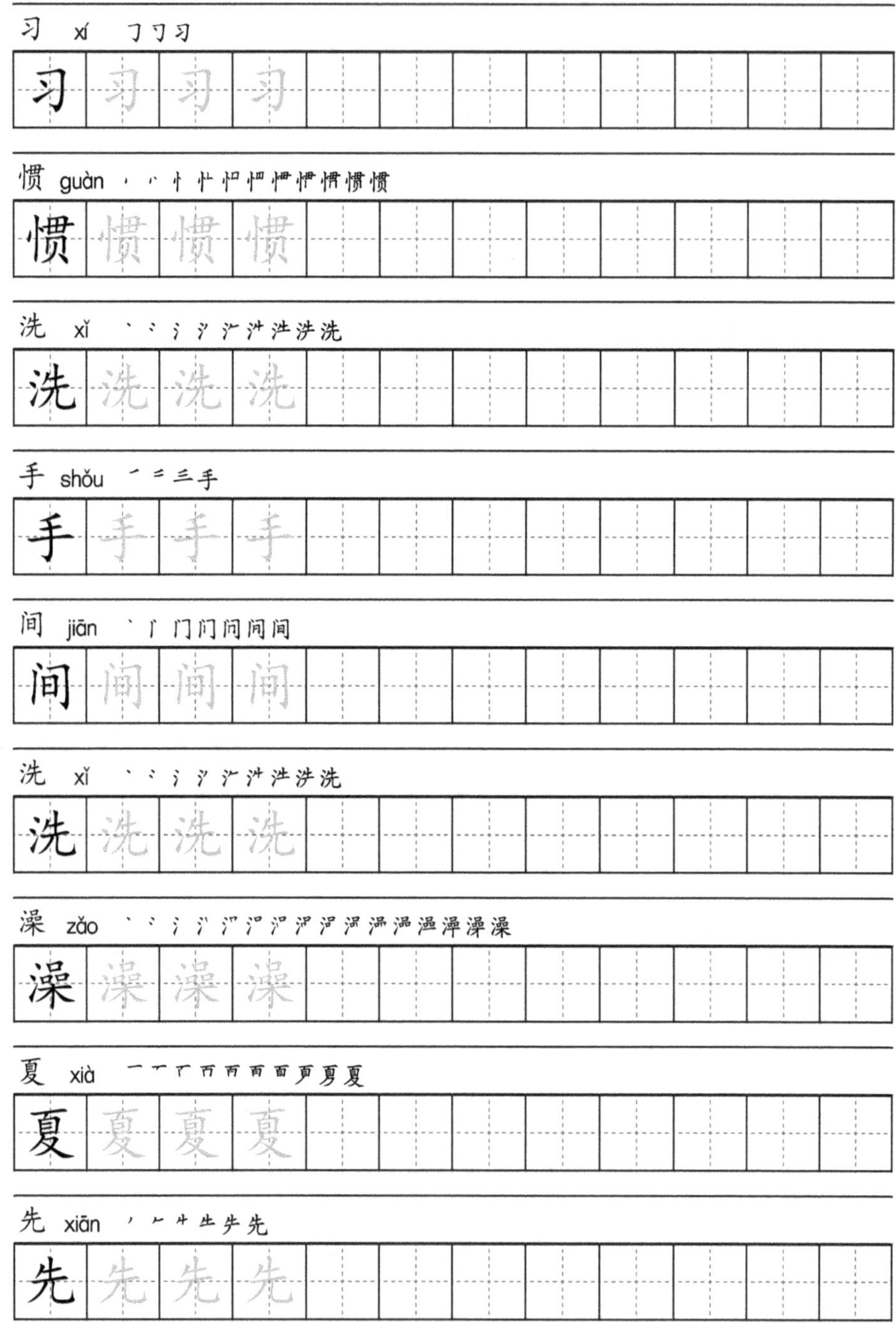

习 xí 刁 刁 习
习
惯 guàn 丶 忄 忄 忄 忄 忚 惯 惯 惯
惯
洗 xǐ 丶 丶 氵 氵 汁 汁 洪 洪 洗
洗
手 shǒu 一 二 三 手
手
间 jiān 丶 门 门 闩 问 问 间
间
洗 xǐ 丶 丶 氵 氵 汁 汁 洪 洪 洗
洗
澡 zǎo 丶 丶 氵 氵 沪 沪 沪 沪 澡 澡 澡 澡 澡 澡
澡
夏 xià 一 一 丆 丆 百 百 百 百 夏 夏
夏
先 xiān 丿 一 牛 牛 先 先
先

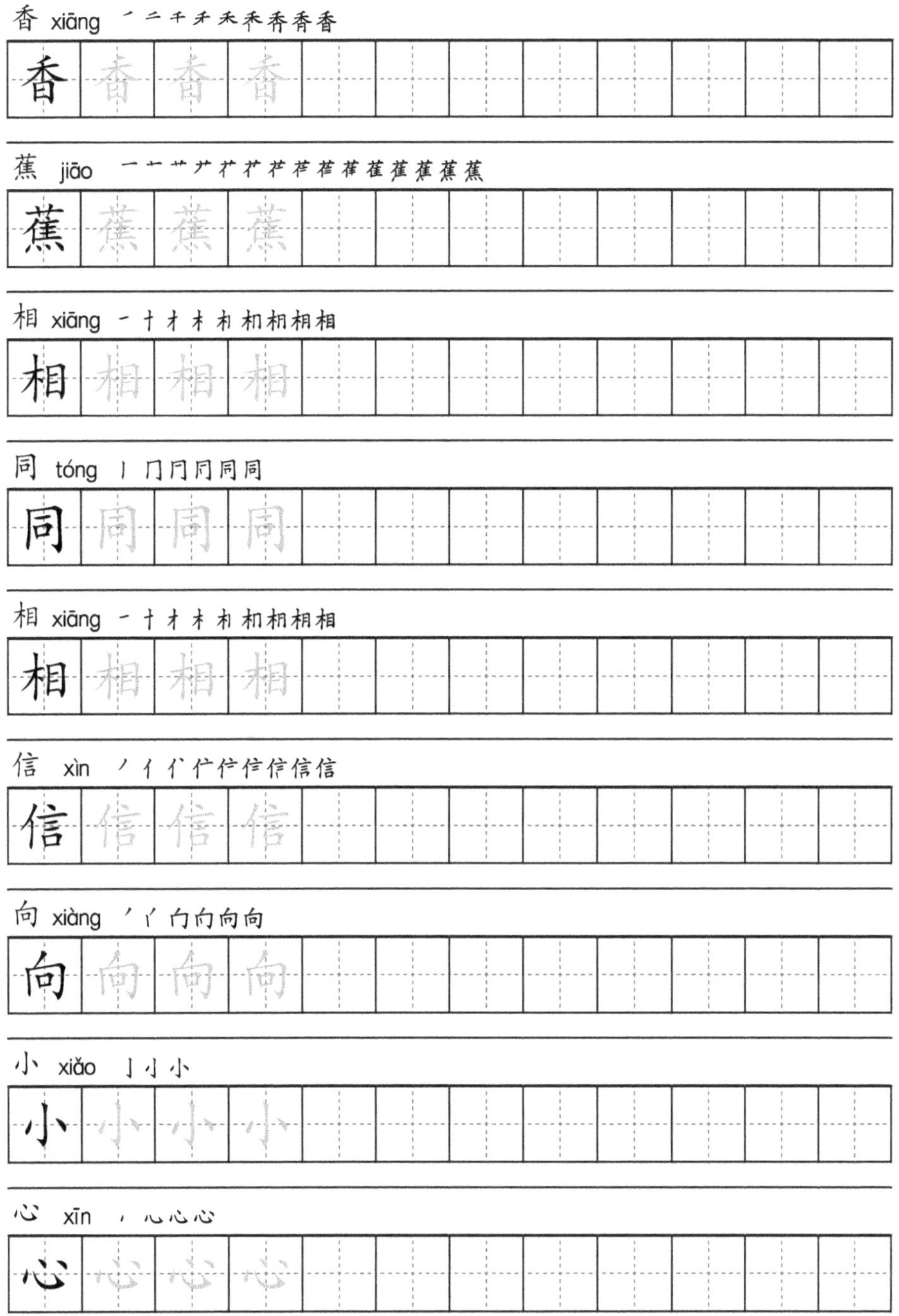

校 xiào 一 十 才 木 术 栌 栌 栌 栌 校

长 zhǎng ノ 一 长 长

鞋 xié 一 十 廿 廿 芒 岜 昔 草 草 革 鞋 鞋 鞋 鞋

新 xīn ` ㇒ ㇒ ㇒ 立 立 辛 辛 亲 亲 新 新 新

闻 wén ` 门 门 门 门 闯 闻 闻 闻

新 xīn ` ㇒ ㇒ ㇒ 立 立 辛 辛 亲 亲 新 新 新

鲜 xiān ノ ㇇ ⺈ 夕 𠂊 甶 甶 鱼 鱼 鲜 鲜 鲜 鲜 鲜

信 xìn ノ 亻 亻 伫 伫 信 信 信 信

行 xíng ノ ㇒ 彳 彳 行 行

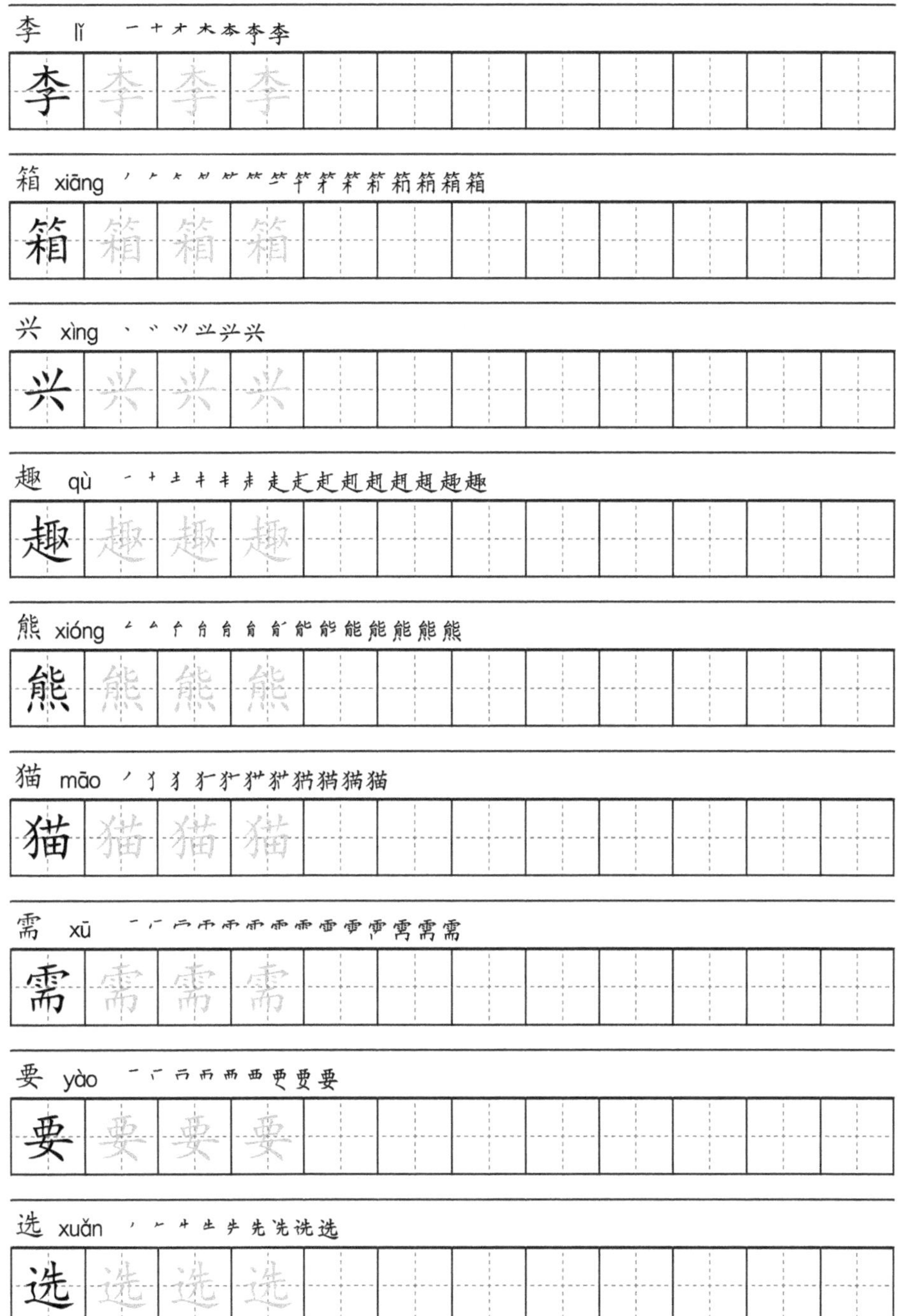

李 lǐ 一 十 才 木 本 李 李

箱 xiāng ノ 一 ト 州 竹 竺 竺 笋 笋 笋 箝 箝 箱 箱

兴 xìng 丶 丶 ソ 兰 兴 兴

趣 qù 一 十 土 丰 丰 走 走 起 起 赶 赶 趄 趄 趣 趣

熊 xióng ム ム 介 介 台 育 能 能 能 能 能 熊

猫 māo ノ 了 犭 犭 犷 犵 猫 猫 猫 猫 猫

需 xū 一 厂 广 币 币 雨 雷 雷 雷 雷 需 需 需

要 yào 一 厂 戸 币 西 西 要 要 要

选 xuǎn ノ 一 十 生 失 先 先 选 选

择 zé 一 十 才 扩 扩 择 择 择

| 择 | 择 | 择 | 择 | | | | | | | | |

眼 yǎn ｜ 丨 日 日 日 日 日 日 眼 眼 眼

| 眼 | 眼 | 眼 | 眼 | | | | | | | | |

镜 jìng 丿 一 七 七 车 钅 钅 钅 钌 铲 铲 镨 镜 镜 镜

| 镜 | 镜 | 镜 | 镜 | | | | | | | | |

要 yāo 一 一 一 两 西 西 要 要 要

| 要 | 要 | 要 | 要 | | | | | | | | |

求 qiú 一 十 寸 寸 求 求 求

| 求 | 求 | 求 | 求 | | | | | | | | |

爷 yé 丶 八 父 父 爷 爷

| 爷 | 爷 | 爷 | 爷 | | | | | | | | |

爷 ye 丶 八 父 父 爷 爷

| 爷 | 爷 | 爷 | 爷 | | | | | | | | |

一 yì 一

| 一 | 一 | 一 | 一 | | | | | | | | |

般 bān 丿 丿 月 月 月 舟 舟 般 般 般

| 般 | 般 | 般 | 般 | | | | | | | | |

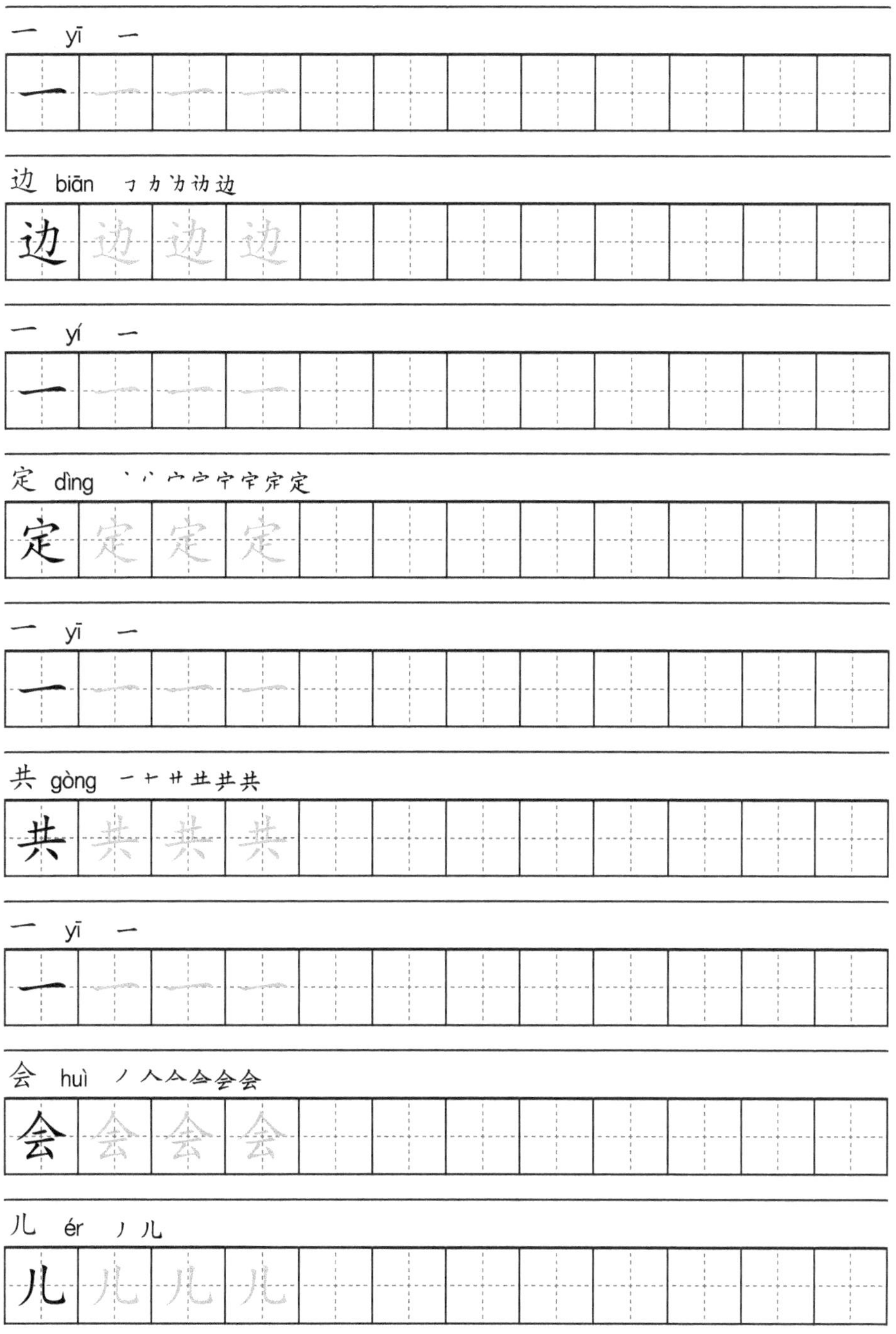

一 yī 一
一
边 biān フ カ 力 边 边
边
一 yí 一
一
定 dìng 丶 丷 宀 宀 宇 定 定
定
一 yī 一
一
共 gòng 一 十 卄 共 共 共
共
一 yī 一
一
会 huì 丿 人 人 会 会 会
会
儿 ér 丿 儿
儿

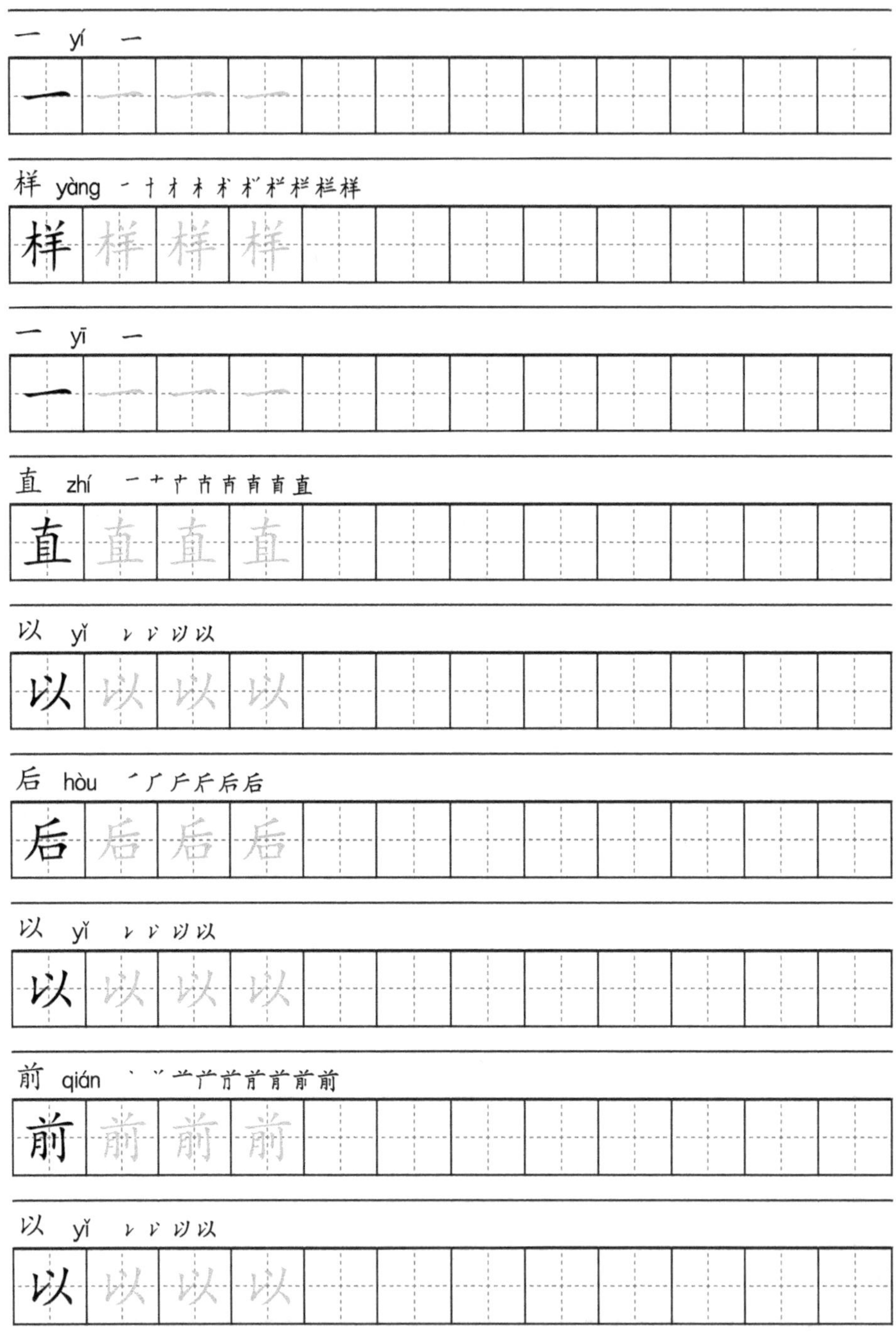

一 yǐ 一
一
样 yàng 一 十 才 木 术 术 栏 栏 栏 样
样
一 yī 一
一
直 zhí 一 十 广 古 占 肖 直 直
直
以 yǐ ㄥ ㄥ 以 以
以
后 hòu 一 厂 厂 斤 后 后
后
以 yǐ ㄥ ㄥ 以 以
以
前 qián 丶 丷 广 广 广 肖 肖 前 前
前
以 yǐ ㄥ ㄥ 以 以
以

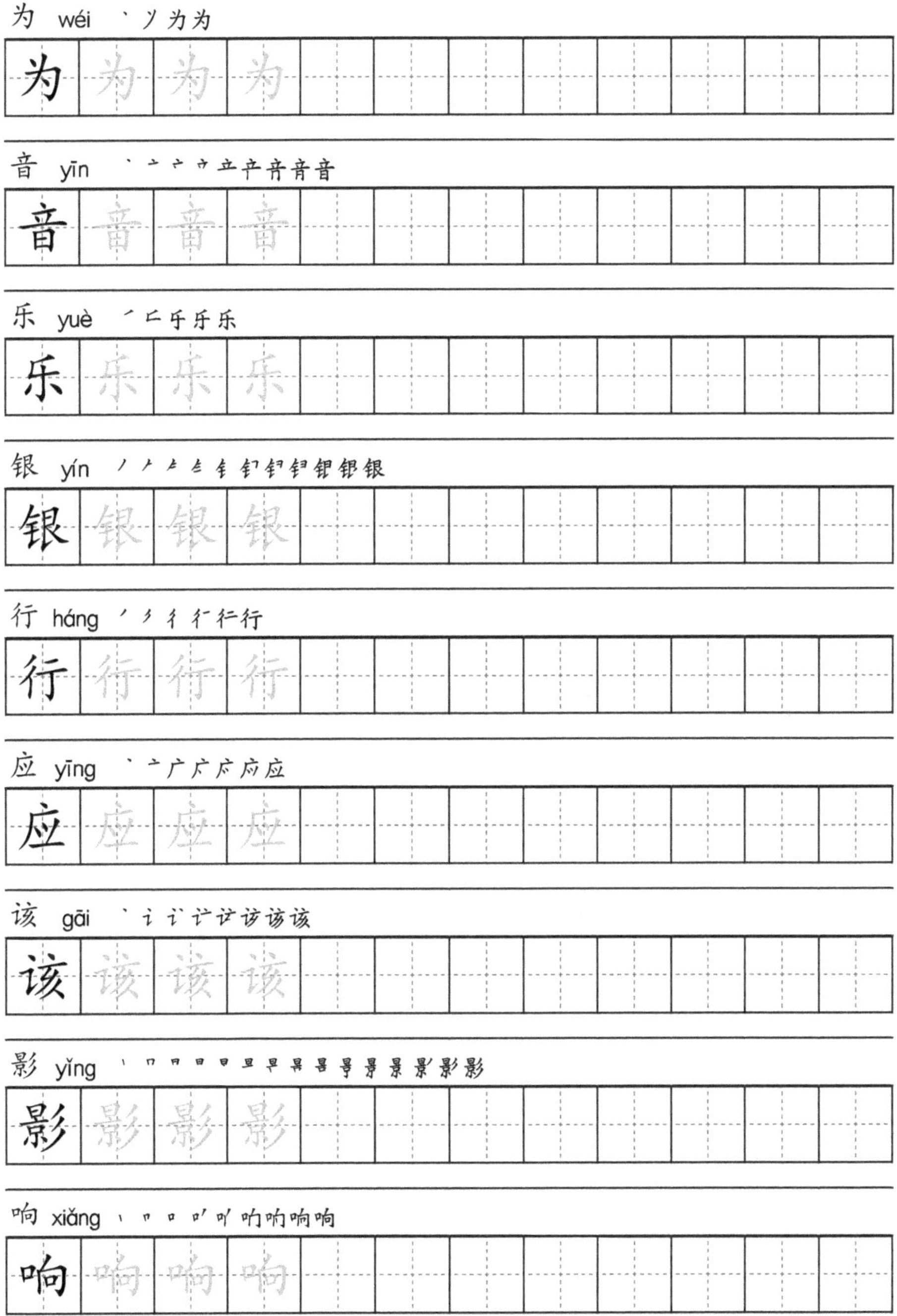

为 wéi 丶丿为为
音 yīn 丶一十十立产音音音
乐 yuè 一二千乐乐
银 yín 丿𠂉钅钅钅钊钊钊钊银银银
行 háng 丿夕彳彳仁行
应 yīng 丶一广广庆应应
该 gāi 丶讠讠讠讠讠该该该
影 yǐng 丶口日日日旦早昌昌景景景影影
响 xiǎng 丶丨口口叼叼响响响

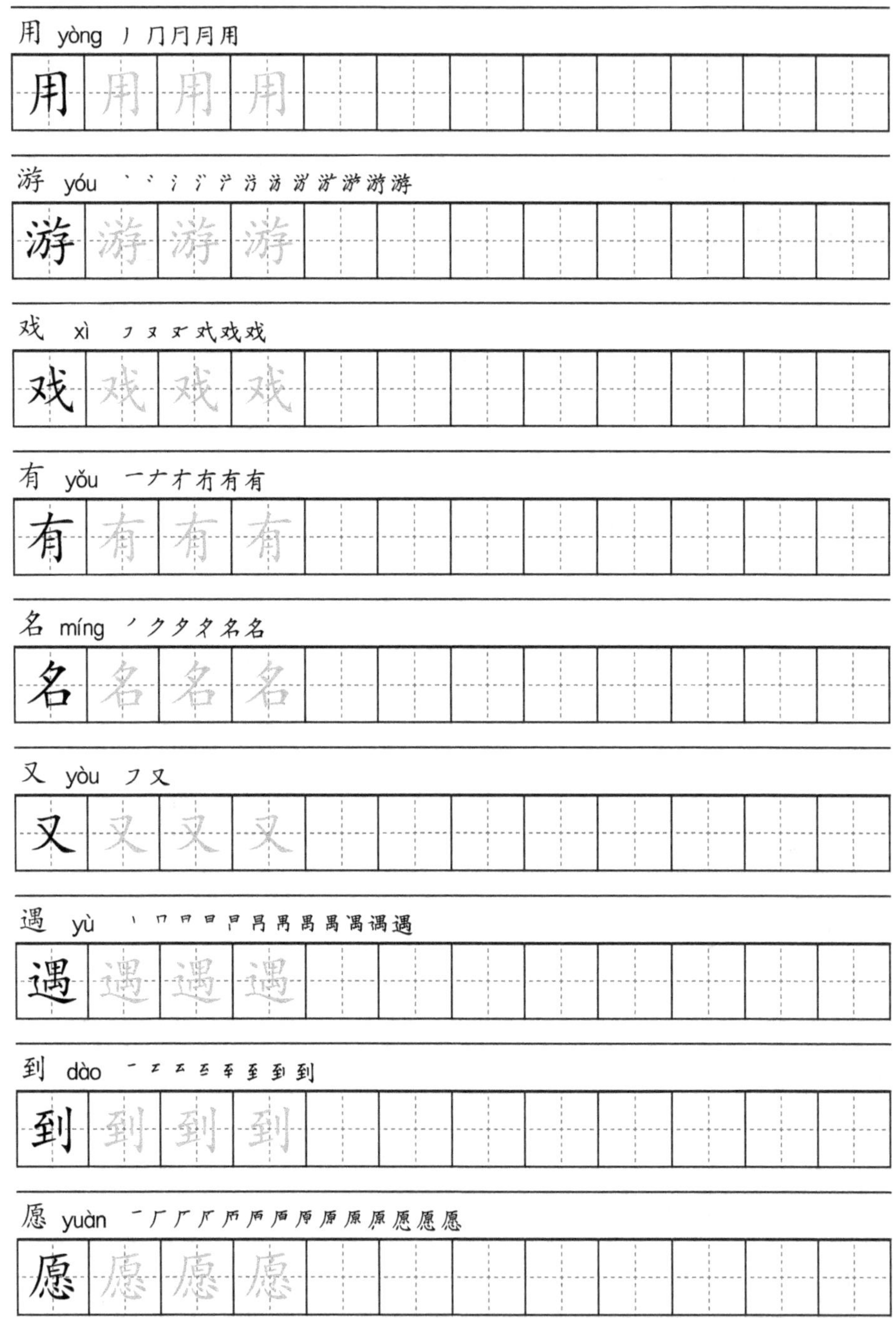

用 yòng ノ 几 月 月 用
用 用 用 用

游 yóu 丶 丶 氵 氵 汸 汸 汸 汸 游 游 游
游 游 游 游

戏 xì フ ヌ 又 戏 戏 戏
戏 戏 戏 戏

有 yǒu 一 ナ 才 有 有 有
有 有 有 有

名 míng ノ ク タ タ 名 名
名 名 名 名

又 yòu フ 又
又 又 又 又

遇 yù 丶 冂 冂 日 戸 吊 禺 禺 禺 遇 遇 遇
遇 遇 遇 遇

到 dào 一 工 工 互 至 至 到 到
到 到 到 到

愿 yuàn 一 厂 厂 厂 厂 所 所 盾 原 原 原 原 愿 愿 愿
愿 愿 愿 愿

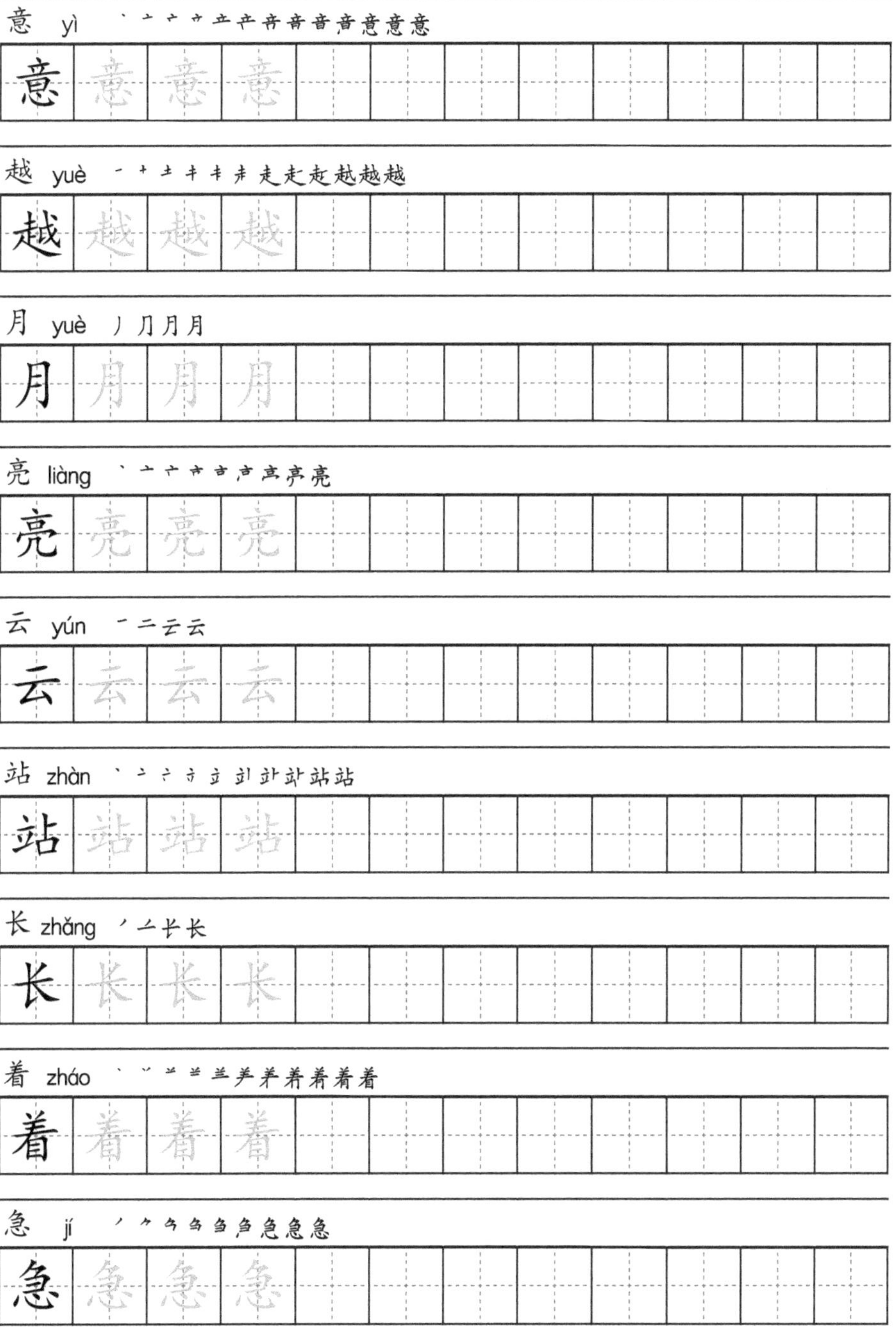

意 yì 丶一㇒亠立产音音音意意意

越 yuè 一十土丰耂走走起赵越越越

月 yuè 丿月月月

亮 liàng 丶一亠六古产亩高亮

云 yún 一二云云

站 zhàn 丶一亠立刘站站站站

长 zhǎng 丿一㇙长

着 zháo 丶丷䒑兰羊羊着着着着

急 jí 丿㇇刍刍刍刍急急急

照 zhào 丨 冂 日 日 日フ 日刀 日四 照 照 照 照 照

顾 gù 一 厂 厉 厉 厉 厉 顾 顾 顾

照 zhào 丨 冂 日 日 日フ 日刀 日四 照 照 照 照 照

片 piān 丿 丿丨 丿丨 片

照 zhào 丨 冂 日 日 日フ 日刀 日四 照 照 照 照 照

相 xiàng 一 十 才 木 木 相 相 相 相

机 jī 一 十 才 木 机 机

只 zhǐ 丶 冂 口 口 只

中 zhōng 丶 冂 口 中

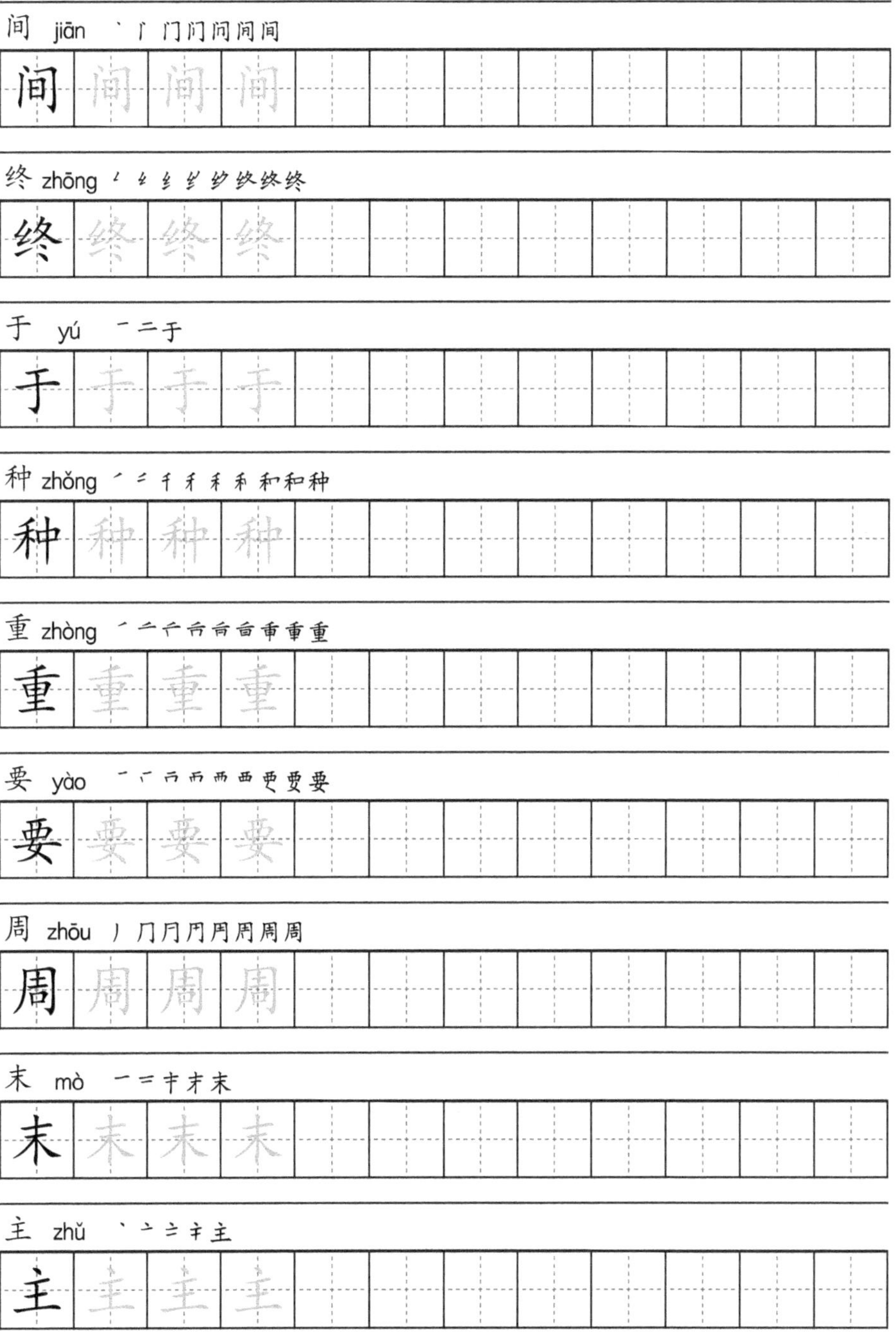

间 jiān 丶丨门门问问间间
终 zhōng 乚乚纟纟纱终终终
于 yú 一二于
种 zhǒng 丿二千千禾禾和和种
重 zhòng 丿二千千台台重重重
要 yào 一丆冖丙西西要要要
周 zhōu 丿冂月冃用周周周
末 mò 一二于才末
主 zhǔ 丶一二于主

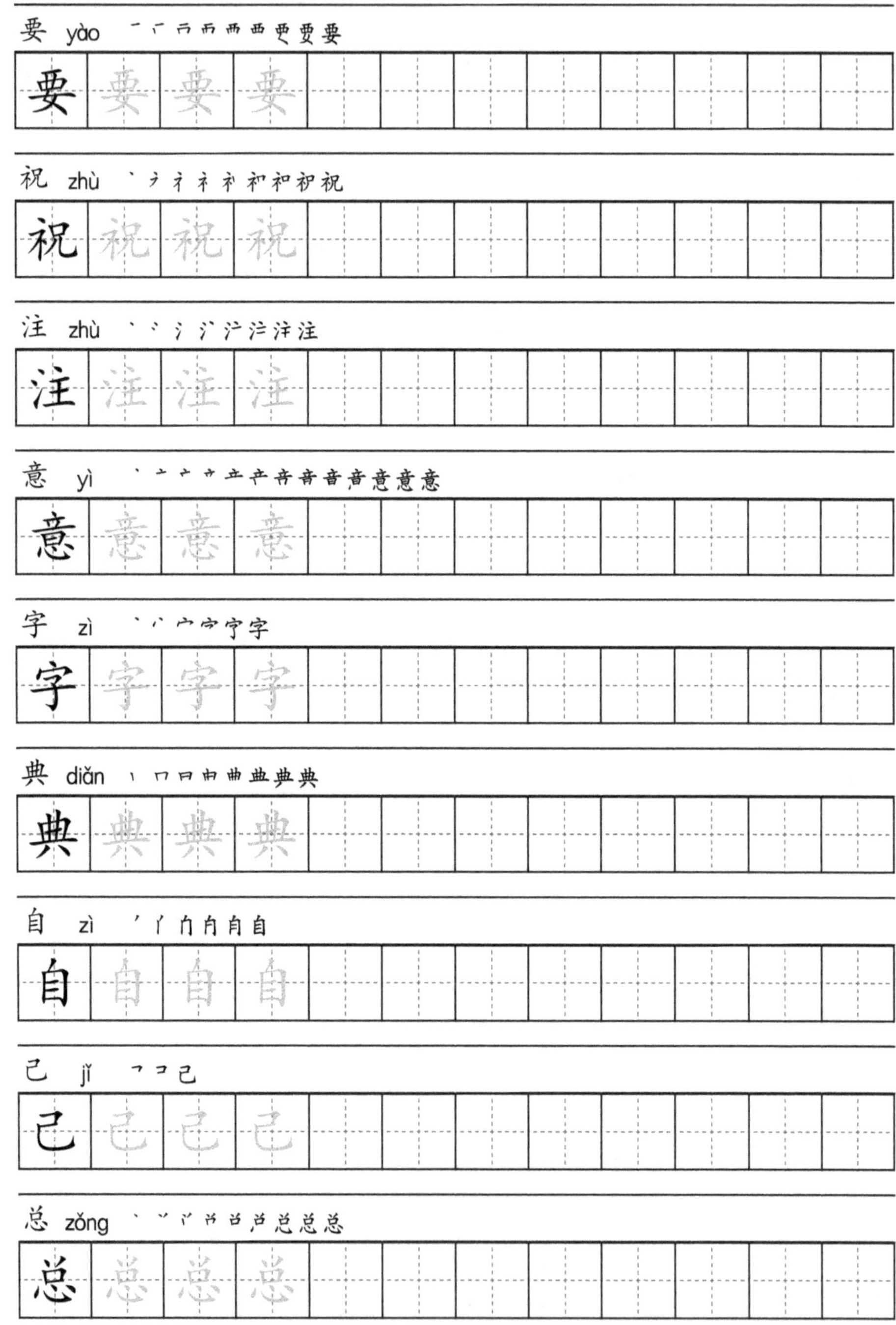

要 yào 一 亓 亓 两 西 西 更 要 要
祝 zhù 丶 亍 亍 礻 礻 礽 初 祝
注 zhù 丶 丶 氵 氵 沪 泞 注 注
意 yì 丶 亠 亠 立 产 音 音 音 意 意 意
字 zì 丶 丷 宀 宀 字 字
典 diǎn 丨 冂 曰 由 曲 曲 典 典
自 zì 丿 丨 竹 白 自 自
己 jǐ 一 一 己
总 zǒng 丶 丷 丷 总 总 总 总 总 总

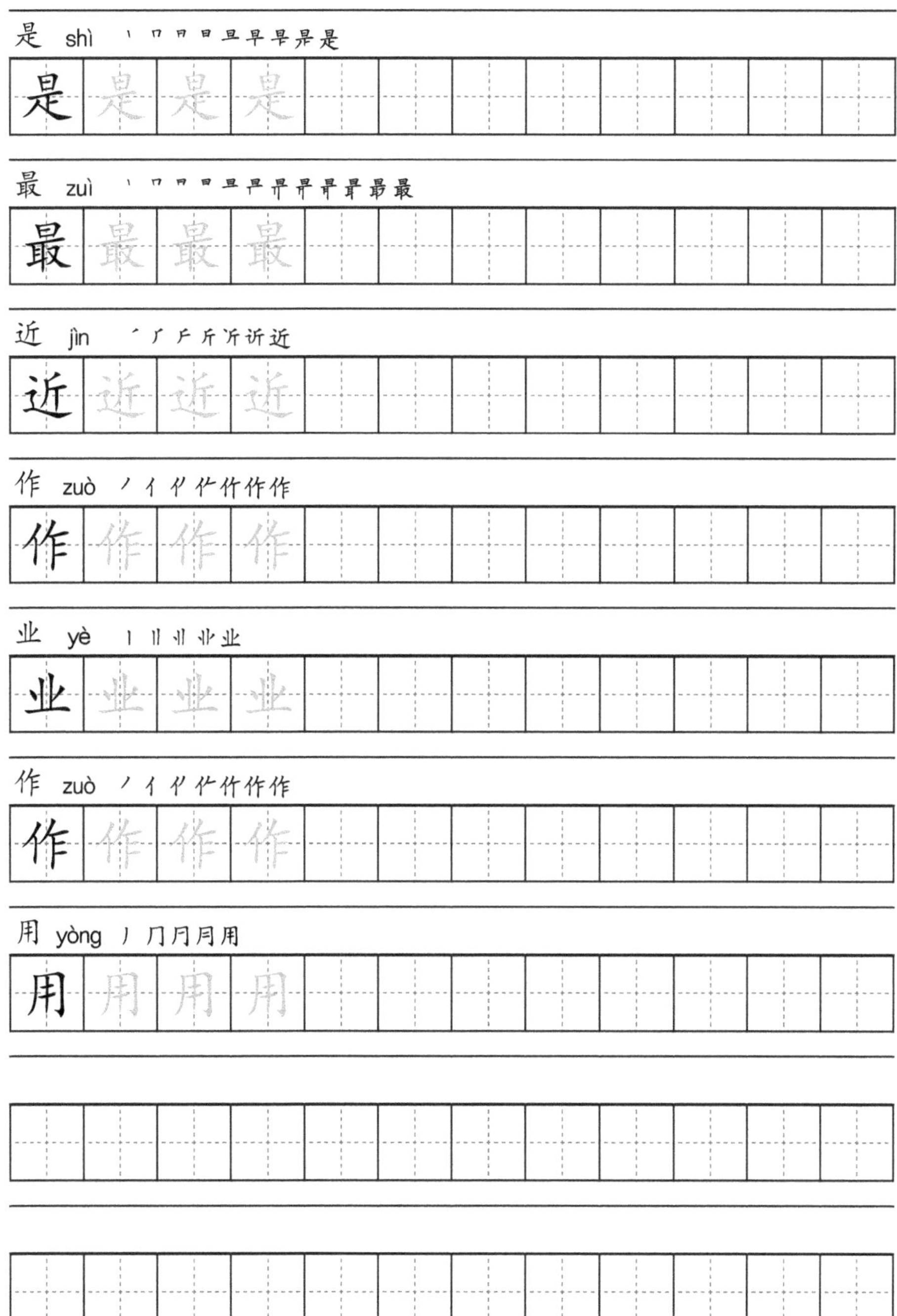

是 shì 丶口曰日旦早早昰是

最 zuì 丶口曰日旦早早昂昂最最

近 jìn 丶厂厂斤斤近近

作 zuò 丿亻亻仁仁作作

业 yè 丨丨丬业业业

作 zuò 丿亻亻仁仁作作

用 yòng 丿冂月月用